絕交不可惜，
把良善——
留給對的人

Not everyone is
meant to stay.

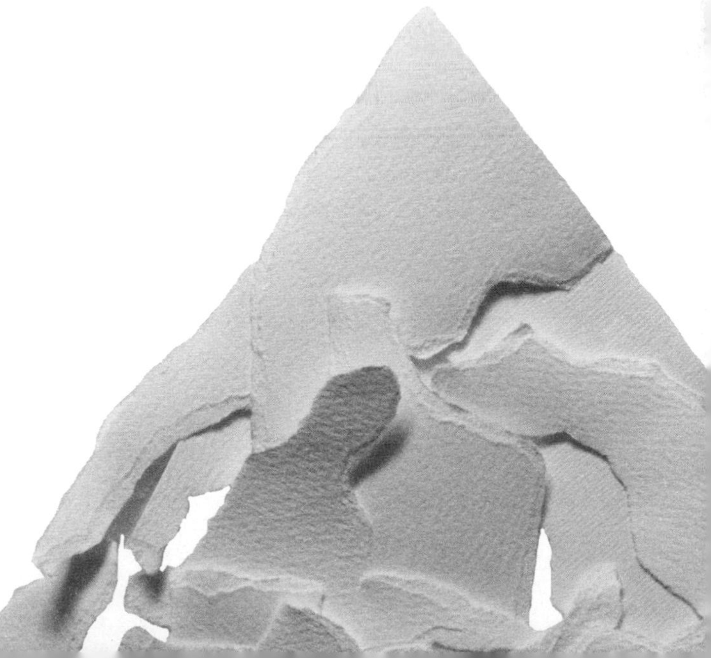

精神科觀察日記・威廉

作者序

人與人相處要帶點稜角，但不刻意傷人

每個人的心都是一座島，並非沒人住著就不算生活。

小時候，我是個依賴心很重的孩子，害怕成為單數，總努力往多數靠攏，開啟一條又一條的通道，讓人群從四面八方湧進。以為人生熱鬧一點就是精彩，該是舒心的生活場域，卻變成尖峰時刻的捷運車廂擁擠不堪。好幾次快要喘不過氣時，突然被關了燈，在伸手不見五指的空間裡，依然有嘈雜的人聲，讓我陷入極度壓迫卻逃不掉的恐慌。

落單，是我的成年禮，有幾段時期很不好過，好像全世界的壞事全讓我遇上了。大半夜的，無以名狀的憂傷襲來，拿起電話卻不知道該撥給誰，深怕把麻煩帶給別人。手機畫面停格在緊急聯絡人那頁，蜷曲在床角，沒有勇氣按下通話鍵；通訊軟體開了又關，我以為自己擁有很多，事實上連一個能放心說話的對象都沒有。

活著，卻被龐大的關係鏈支配著是現代人的宿命，越相處越寂寞。即便有人陪伴，仍感到孤獨又不自由。成長過程裡，努力想證明一個人也可以，卻三番兩次被困在曖昧不明的關係中，否定自己的存在。好像少了誰，我就不是我。人啊！沒有能耐抓住那麼多關係，以為很重要的事，其實沒那麼難拋棄。

關係的秤，永遠沒有水平的時候。現代人的情感交流太容易也太輕率，往往在脆弱不堪的人際裡支離破碎，必須用失去來交換得到，寧可委屈求全，將就著他人期待的角色，再怎麼檢討、改變都不是為了自己。錯綜複雜的人際織成了網，網不住最想要的關係，反而緊緊勒住脖子，認識太多人的反撲就是窒息。

繞著別人轉的生活如此疲憊不堪，我努力拉回所有關係的主導權，能自由來去的姿態才叫「自在」。寫這本書是一段痛苦萬分的解離過程，像壓著自己的頭跟不快樂的過去一一認錯，原來我的皮、我的骨能夠堅強，是因為不甘心而不是成長，即使獨立也都不是自願的。

將無謂的假裝剝除，找到自己真實的需要，往後人生不該再為誰而傷。重整人際關係、縮小私領域是最好的方法，扣掉工作與休息，所剩無幾的時間應該留給哪些人。

面對同儕：時間不多，不給真心的人留不住。

面對感情：時間不多，禁不起被錯的人耽誤。

面對家庭：時間不多，叛逆並不能證明勇敢。

面對自己：時間不多，自我一點並沒有錯。
面對網路：時間不多，別在虛實之間搖擺。

五十五篇的悔過書，寫滿割捨、和解與彌補，不希望我們只是同病相憐，而是能在情感的泥沼中相互拉拔，有故事也有應對方法，由內而外的關係修復，重塑一個更完整的自己。人際的守恆定律，是當一個人不再依賴著任何關係，於湍急的世事中昂然挺立，不因誰而脆弱，唯有做到這般成熟才不致於飄搖。你的世界，你才是軸心。

絕交代表重新開始的決心，所謂的過來人，是能夠真正明白誰可惜、誰不可惜。君子擇善而交，關係是出口，不該是牢籠。聚散終有時，沒有一段關係跟得了一輩子，但求無愧於心，良善應該留給更值得的人。**將難解的關係重重放下、輕輕拉起，練習完美收尾，是這本書想傳遞的處事技巧，劃下逗點、騰出距離，更是面對人際問題時最理想的處理方式。**

你不用特地為我，我也不存心誤你，是我三十六歲的待人態度。人與人之間寧可帶著一點稜角，不刻意傷人但要劃出界線，在生活裡各自安好、明白珍重，遠遠欣賞好過相互糾纏。你好，我也要好。

慶幸我在這年紀，逐漸懂得不離不棄的可貴，多虧一路有家人、朋友、讀者，以及在看不見的地方看顧著的祢，包容我的孩子氣並時時提點，付出耐心等我長大。此刻，若有拉別人一把的智慧與勇氣，都是你們給的。更想感謝曾經甩開手的人，若是沒有這些哭哭啼啼的過往，我不會曉得自己其實可以飛。

最終留在島上的，肯定都是鐵了心想長住的人。

威廉／曾世豐

目錄——

Chapter 1

絕交不可惜，別被包容綁架

Chapter 2

勇敢離開，不要勉強幸福

Chapter 3

刺耳的話淺淺說，真心話請包著糖衣

Chapter 4

人生太短，請將美好的未來留給自己

Chapter 5

甩開網路人際包袱，理性退群吧！

Chapter

1

絕交不可惜，別被包容綁架。

最好的友誼不是賴在一起玩樂，
而是能面對面交流人生苦樂

絕交也不可惜，朋友得經過挑選而非盲目蒐集。

每逢年底，我會趕在聖誕節前寄出手寫卡片，維持這習慣大概有四、五年了，直到二〇一六年碰上歐洲行暫停一年，改由訊息祝福。年末是該回顧，當我打開一份存有親密好友收件方式的文件檔，發現有好幾個人名在這兩年間，離開我的核心生活圈。

二〇一五年初，跟幾位老友相約到曼谷跨年，一回國就發了一封快兩、三百字的訊息，刻意收斂指責跟情緒字眼，最後不忘祝福。之後，便毅然決然刪掉對方的聯絡方式，包括臉書跟通訊軟體，周遭的人急忙勸和，嚷嚷著相識多年吵完就沒事，既然知道對方個性就盡力包容，朋友還是要當，不解為何我的反應如此激烈，需要鬧這麼大，擺明絕交的態度如此堅決。

在人際關係裡老是被「包容綁架」，彼此不合適卻一味忍受，就因為一句「我們是朋友」。

當初形影不離，去到任何場合都說好同進退，緊急通話鍵設定成對方名字，是曾經的摯友跟室友，並非第一次出國的地獄旅伴，彼此有將近十年的感情基礎，同屋簷下的生活整整四年。後來因房東漲租金才搬離同住的房子，各自往理想生活走去，再聚首就是這趟跨年行。

我淡淡回說：「你說的沒錯，朋友也是床頭吵架床尾和，可是我不想要這個朋友了。」聽起來很冷血，但整趟旅途有幾次激烈爭吵，六親不認的把我往死裡罵，翻舊帳不夠還跨越底線，猛戳痛處。當下選擇沉默並試著沉澱、理性以對，不想被情緒牽走而失去判斷能力，因瞭解換來傷害才是讓人真正難過的點。

回國後的幾個晚上，腦筋裡老轉著同個問題：「朋友存在的意義是什麼？」最後理出答案，**現階段的我需要的是摧毀不了的安心感，如果感受不到，表示這個人沒有走進心裡，不想強留，於是失和不再和好，成為年過三十處理人際的灑脫態度。**中間和事佬開始細數他的優點，例如幽默、直率跟善良，試著軟化僵局，可惜此刻我通通無感。

不是不要這個朋友，而是不需要了。

三十歲以前，我很迷信人脈存摺，可能是學藝不精就貿然亂衝，努力織了一張易破的網，禁不起風吹雨打，時常再花兩倍、三倍，甚至更多的心力在修補破洞。直到這兩年才發現，**我真正需要的不是一張網，而是一條堅固的繩索，可以在需要的時候拉一把，而我能交出信任並用雙手緊緊抓著。**

歲月硬生生把我們催熟，熟到不再害怕寂寞、害怕孤獨而強迫自己社交，人際減法的年紀已到，更明白交朋友是挑選，而不是蒐集。一週七天，白天得工作，剩下週末跟五次晚餐的空閒，假日留給興趣跟學習，扣掉與家人相處的時間，剩餘兩次的飯局額度，只留給想好好維繫感情的朋友。

為數不多的交際時間，想要知道朋友最近在忙什麼、煩惱什麼，男友女友、老公老婆、爸爸媽媽、家裡小孩、外傭、小貓小狗好不好，聊天內容大可以沒營養，越無腦越好，而不是半生不熟的社交語言。當對方高談闊論著讓人毫不在乎的話題，最近跟哪個藝人走很近，誰誰誰在追他，最近又要被招待去哪裡玩，週末的電音派對要怎麼弄到貴賓席的票……等種種玩樂。

#人際不是網而是堅固的繩索

有時不是不要這個朋友，而是現在不需要了。請將為數不多的交際時間，留給此刻擁有共同語言跟價值觀的人。

基於禮貌我通常會順著毛摸，可能是年紀大了厭倦忍受，多看一秒都是折磨，更別說花力氣翻白眼，索性就放生不往來。即使從前很要好，但現在的我早已脫離原先的生活狀態，追求不同層面的滿足。哪怕曾經熱烈，此刻沒有共同語言跟價值觀的人，能淡就淡吧！

我曾經念舊又善感，身邊朋友一個都不想少，但這兩年一有磨擦、爭執，便決心不強留、不求和，心裡反而輕鬆許多。**大浪掏沙留下的才是珍貴，好好經營現有的人際，而不是像隻八爪章魚盲目地抓，需不需要的都想緊抓，應該讓自己的「好」變得有價值，留給值得的人。**

曾經推你入深淵的人，別讓他造成二次傷害。

由於念舊，我人生有多數的時間花在辦同學會跟舊同事聚會，勤勞程度不亞於議員綁樁，婚喪喜慶深怕錯過，聯絡過程總會發現隱藏的心結，誰跟誰怎麼了，他和他早就老死不相往來。起初很不解有什麼事無法好好說，歷練一多才明白，有很多事真的不好說，多說無益。

認識多久，就得花多久時間忘記，一個「陌」字通常得來不易。重感情的我也不例外，一次又一次地將耐性揮霍，必須放棄太傷神的人際維繫，像是新陳代謝般，舊識在幾年之間流失得快，最終走成陌路。人際強求不來，每個人處理方式不同，扛著人情說客的角色很累，這幾年發起聚會的態度變成要來便來，一切隨心，就算只有一人到場也要快樂結尾。

從前的我缺少這樣的圓融，硬拉著兩個人和好，但自己卻辦不到。規矩多，內心小劇場更多，個性倔又拉不下臉，當場翻臉的戲碼不少人都曾經目睹。對於生命裡來了又走的人，沒辦法不埋怨，每次出現就像睫毛倒插，恨不得趕快拔除，心想眼不見為淨。

到了看多離散的年紀，
發現帶著芥蒂跟怨恨過活太辛苦，
改變不了的壞事情，請選擇忘記。

討厭到骨子裡的人就直接跳過針對，努力學習陌生。或生或死，我們無時無刻都在跟陌生人擦身、相遇，他們影響不了心情，可是那些曾深深淺淺交手過、相互瞭解過的人，容易在我們心裡留下傷口，即使結痂，仍能感到疼痛。

曾經我在《精神科觀察日記》募集讀者跟朋友之間的傻氣照片跟故事，有一則留言是新聞截圖，醒目地寫著：「這是我們最後一次同框，和自己曾經最好的朋友對簿公堂，絕對是我人生中最荒謬的事。八年的友誼，我們用八個月的訴訟來完結。我贏了這場官司，輸的是對摯友的信任。被摯友背叛傷害，這千刀萬剮的痛，是我人生的一個大黑洞，我陷在裡頭失眠、崩潰、暴哭、暴瘦。現在的我，終於可以站在洞口好好喘息平靜。」

留言串裡，原本溫馨歡樂的情緒突然大拐彎，趕緊私信問候，雖身為局外人還是想釋出關心，畢竟我很能體會背叛跟心碎。讀者沒仔細交代過程，猜想就是所謂不好說的事，反而擔心他的心理狀況，幸虧得到「現在的我，已經比之前淡然、自在許多了。」的回覆。

能夠公開截圖，藉由寫出自己故事而想鼓勵其他的傷心人，究竟得耗費多少力氣，此刻才能坦然面對。**我勸他別放棄良善，就算人心總是險惡，這樣才能突顯特別，朋友再交就有。然而，曾經一把推你進深淵的人，別給他機會造成二次傷害。**

面對人際挫折，就算掐著大腿掐到瘀青也要提醒自己：「合則來，不合則去」，兩人割席揚長分手，不如灑脫一點，形同陌路就做個徹底，可以的話不要再談曾經，了結等於歸零。當對方是路人，就不會有狹路相逢的窘境，素昧平生的人怎麼可能破壞得了好心情。

若單純是情感糾葛，沒有實質利益的往來，從前的我會選擇閃躲或眼不見為淨，這幾年則把該難過的心力用在練習陌生。

偶爾會遇到朋友在聚會場合上貼心提醒：「威廉，待會誰誰要來，你有關係嗎？」

「為什麼不可以？這是他的自由。」反過來託人提醒對方，只怕見到面想很多的人，恐怕不是我。

「沒做虧心事，要也是你躲我，怎麼會是我躲你？」若真遇見，我的口氣務必得如此理直氣壯。

總惦記這輩子再見也沒有幾次，所以我不願留著疙瘩面對不完整的人際關係。佛家說，力求圓滿，但我道行沒那麼深厚，要強說圓滿太刻意，不如稱作了結。留著疤痕來警惕自己，唯有放下，過去才能成為過去，未來務必從心重新，越不在乎越是強大。

#越不在乎越強大

即使人心險惡也別放棄良善，面對人際挫折，務必提醒自己「合則來，不合則去」，學會真正放下的灑脫。

年少的我們早已死去，此刻活著的是另一個人。

頭一次聽到時空膠囊是因為《小叮噹》，跟幾個同學約好隔天把最心愛的東西帶到學校，埋在花圃，約好二十年後再開。回家立刻翻出一個喜年來蛋捲的紅色鐵盒，帶著提把，挺像一回事。我從廚房裡拿來一個瓷碗，是媽媽從百貨公司買的漂亮瓷碗，心想放個二十年應該會增值。

接著挑一張照片，我將為數不多的三歲獨照，也放進去了，貼紙簿、第一名的獎狀，甚至把歪腦筋動到爸爸車上的黃乙玲卡帶。就在一個風和日麗的下午，鬼鬼祟祟地拿著小鏟子跟紅色寶盒出門，七歲兒童的土木技法實在不怎麼高明，微微隆起的土丘太詭異，遠遠看像墳墓。

過沒多久，時空膠囊就被當作垃圾（失物）退回到我手中。

對校園時光特別眷戀，直到上個月，我還在作高中生的夢。教室裡的各種情景，從畢業後應該夢過不下百次，多半是開心的，而且是開心到哭，時常醒來發現枕頭有濕濕的印記，肯定不是口水，拿起手機確認時光沒停在二〇〇〇年，才無力地起身梳洗，盯著鏡子裡成為大人後的自己，偶爾沮喪。

高中的教室走廊外，是塊半圓形的小空地，台南的夏天特別長，靠著幾台吊扇還是會熱到捱不住。那一塊是正午的日頭曬不到的地方，特別蔭涼，我與幾個死黨翹著腳躺在那兒，把課本當枕頭，南風暖暖，想像未來的我們還會不會那麼好。

曾經在校園裡意氣風發，長大後好像若沒有一點成就，就不知道該怎麼面對大家。**閃閃躲躲好多年，跟老同學見面，總能在倒流的時空裡得到能量，生活裡遇到再爛的事都可以沒關係。**

想見老同學的念頭壓著好多年，多虧社群網路讓彼此不管相隔多遠，都能保有聯繫；但我也挺恨的，它讓我們這十多年來，不覺得真真切切地見上一面有多重要。二〇一九年初，我決定讓這場夢不只是夢，按著畢業紀念冊留下的地址，寄出五百六十張邀請卡，才有那場相隔多年的返校日。

憑著十七年前的舊地址，用最老派的方式通知。許多失聯的同學驚喜出現，當天特地跑過來跟我說：「謝謝這場同學會，我一收到邀請卡就決定過來。」但當時要好的幾個卻沒出現，E的工作性質特殊沒辦法排假、F在國外工作趕不回來，D雖住在學校附近，當天帶著老婆小孩回娘家說會晚點到，但我等了一整天，連個人影都沒有。

獨自坐在曾經頭靠頭的小空地，不諒解也得諒解。**各自分飛的日子裡，**

老朋友的順位早已重新排列，唯獨我還不甘心地回望著十六、七歲的我們，認定這份感情歷久彌堅，無非是強人所難。後來，我還是很常找老同學聚會，太久不見反而有種像見新朋友的尷尬氣氛，確實再怎麼熱絡，都不可能回到聽見〈情非得已〉會同聲齊唱的融洽狀態。

想放進時空膠囊的肯定是一時之選，可再怎麼珍貴都是當時，十年、二十年，甚至三十年後拆開，雖然仍是黃乙玲的歌聲，可惜歌曲早已過時；小叮噹也不會一直是小叮噹，此刻的它，叫作「哆啦A夢」。物會換，星會移，過去的事懷念就好，學生時代的友情就該封存在鐘聲迴盪的時空，往後的人生若真有緣，不如從頭來過。

在學校裡，能認識到一個人最無雜質的狀態；但進入社會後人各有志，因生活方式跟價值觀的不同，而形塑出新的人格，失落難免。但回憶是偶發性的浪漫，昨日重現不過是對現況不滿意的幻想。

#靈魂會漸變，生命會成長

對於舊關係，學習用新態度來面對。朋友無關新舊，只有重視與不重視，確定彼此都在平行的位置上，才是最理想的狀態。

靈魂會漸變，有多少悔不當初，
就有多少言不由衷，生命因此有厚度，
這是每個人身上的成長。

當初的粗胚，塑成現在的模樣，你都會變，更何況是他。老同學不等於老朋友，不如把舊關係用新態度處理，往後的日子裡別再一廂情願，其實也落得輕鬆。讓關係回到原點就能清晰許多，**交朋友無關新舊，重視你的人才值得重視**，確定彼此站在同個感情天秤上，用平行的視線凝望著，熟面孔才有資格住回心裡頭。

曾在同一條線起跑，還在前進的人往理想的方向奔去，有些人中途棄賽，有些人很幸運地能再度碰頭。年少的我們早已死去，此刻活著都是另一個人，面對後青春的人際關係，建議重新挑選隊友，打一場名為未來的精彩比賽。

別高估你跟任何人的關係。

英國詩人約翰．多恩（John Donne）曾寫下：「**沒人是一座孤島，可以自全。**」**這句話影響我很深，出外的遊子以江湖為家，時常受到別人的恩惠，於是養成積極回饋的習慣，想讓善意變成循環，作為人際上的安全感。**正因為得到太多，每當身邊的人有困難，哪怕僅有幾面之緣，本著相識一場，我都願意傾力相助。經歷幾次被辜負，心裡難受沒說出口，傻傻相信人性本善，但世間的人遠超過千百種，看不下去的朋友提醒我救急不救窮，沒太多交集的人就別鄉愿。

因為租約糾紛，E急著找房子，規劃明年出國唸書，新的住處沒辦法簽一年合約，平時感情不錯，三天兩頭就往我家跑，跟幾個室友都挺聊得來，有好吃好玩總會頭一個叫上他。不忍心見到朋友流離失所，我們幾個討論過後決定開口：「我房間比較大，不嫌棄的話你可以來我們家住，等找到房子再搬。」這一住就是大半年，後來我移居上海，但台北的房間還留著，便讓給他住。

我的命運多舛，離開台灣的頭一份工作就遇人不淑，眼看船就要沉，趕緊四處打聽職缺，既然打定主意要在中國發展，怎麼能說退就退。突然想起E曾在北京待過幾年，在媒體圈有些人脈，收到風聲說有家潮流雜誌社在找編輯，恰好是他曾經待過的公司，我趕緊請他幫忙問到主編信箱，想把履歷送過去。

幾天後，E要我整理好作品集跟簡歷並寄給他，他再轉給主編，無奈這封誠意滿滿的求職信，最終石沉大海。對方選擇另外一位沒相關經驗的新手，恰好是我的老朋友Y，君子要有成人之美，就算面對不如己意的求職結果，也必須大方祝福，猜想公司有其他考量，就算無奈也只能接受。過沒多

#人際安全感

恩將仇報的戲碼天天上演，成人世界中只能靠自己，關係一旦拿來秤斤論兩，終將產生裂痕。

久，我離開那份不愉快的工作，頹喪地退回原點。

多虧老天眷顧，搬回台北的第二週就到新公司報到，E決定把留學計劃延後，正好中國有不錯的工作機會，這回換他北漂，我們就此分道揚鑣，偶爾出差或長假才會見上一面。過年前，在外地工作、唸書的人紛紛回到台北，我在一間酒吧巧遇Y，好奇那份無緣的工作做得習不習慣，他的眼神有點閃爍，不像夜場裡的飄忽，再多喝幾杯，Y突然抓起我的手臂認真道歉。

「這件事我壓在心裡好久，一直過意不去，大家都知道你當時急著找工作，但E私下跟我要履歷，我還是給了。」

「沒事沒事，工作本來就是公平競爭，一定是因為我不夠格，你別太內疚。」

「不是這樣的，這件事我一定要說，否則我一輩子都對不起你。E根本沒把你的履歷送出去，只送我的。」

聽到這段話，我整個晚上喝的酒都醒了，還得故作大器的說：「沒關係，都過去了。」

但我心裡可真過不去，無法吞忍被親信背叛的疼痛，向共同好友訴苦，前因後果一五一十的交代清楚，想從第三方的嘴裡聽到安撫，看能不能點醒瘋狂鑽牛角尖的我。E聽到後，惱羞成怒，反過來指責我輕信謠言，質疑他的人品，這一齣「求職門」越鬧越大，本意是想求援，並非八卦滋事，沒料到竟被以打小報告的方式，再度嚐到被出賣的感覺，便決定一刀切。這對我是一次嚴厲的教訓，往後對朋友的定義更加嚴格。

成熟的交友圈必須存在信任潔癖，求量不如求質，若對眼前的人存有一絲懷疑，好意就該點到為止。

守住做人的基本道義，再多都不行。對E來說，當介紹人的事一碼歸一碼，當初收留的恩情被我無限上綱，最終換來失望，怪不得別人，甘心對人好，就不該期待回報。

論起資歷我雖然是E的前輩，但生活裡兩個人卻是平行，工作場合有高低之分，朋友跟朋友間的交流是對等的，私領域的人際無法延伸到職場，這道理就跟借錢一樣現實，抽象的情感若要秤斤秤兩，再純粹的關係終將變得複雜，裂痕往往來自落差。

在權力世界裡，每個人都是一座孤島，拼命自全，問題發生的時候，最堅定的盟友是自己，沒有人理當要站在你那邊。靠山山倒，能靠自己最好。別高估跟任何人的關係，職場最血腥的地方是讓一個人六親不認，或許你不是這種人，但別人是。

成年人關係虛實難辨，翻山越嶺而來的感情假不了。

有一次，我在綜藝節目聽到羅姐（羅霈穎）安慰另一位女明星說：「如果這個男的愛你，哪怕是上刀山下油鍋，用爬的也會爬過來找你。」霸氣的發言令人印象深刻，可惜我沒有如此大的魅力能在感情占得上風。不過，這段話我卻一直記在心裡，拿來驗證一段關係的虛實。成年人會保留的人際可分成兩種，一種是想要的，一種是需要的，有時難免汲汲營營，就算相識多年，很容易因為缺乏利益輸送，這段感情終究轉淡。沒必要的朋友不必深交，但老朋友究竟有沒有常聯絡的必要，需要學習分寸拿捏。

面臨人際的選擇題，我特別在意主動性，朋友再交就有，但自始至終都那麼在乎你的人，十分難得。

前年，母親因罹患癌症而陷入低潮，所幸只是初期，經治療後逐漸痊癒，只是長年壓抑的精神耗弱全在病後爆發。有好長一段時間，生理跟心理同時折磨，情緒時常失控，好幾次把自己關在房裡，拒絕跟家裡的人對話，時而憤怒、時而愁容，任誰也抓不住。

那段時間確實挺難熬的，少數幾次的笑容就是見到她口中的好姐妹。小學畢業先後進入紡織廠工作，幾個青春未熟的少女朝夕相處，住在同間宿舍分睡上下舖，大半夜躲在蚊帳裡搶讀隔壁寢室的情書，想家的時候就一起哭。出嫁時是彼此的伴娘，說好來日要出席孩子們的婚禮。

嫁做人婦後的母親全心為家庭付出，父親的事業三十多年來起起落落，始終守在身旁不敢離開。我時常陪她翻著舊相本，指著合照裡幾張湊在一起的小臉，細數每個姐妹的脾氣，少女時代的歡笑在泛黃的畫質裡依然嬌俏。過得好不願張揚，過得不好更不想打擾，心思如麻的母親，就這樣跟她們失聯了。

多年來，我們搬過兩次家，電話改號，要連絡上其實難上加難。等到其中一位阿姨準備嫁女兒，堅持找到母親，只為信守當年承諾，想親手交付孩子的喜帖。循著舊地址挨家挨戶地問，幾經打聽才問到現在的住處，登門拜訪那天我不在家，但可以想像母親內心有多激動。

事後才從母親的口中聽到：「中興的那群同事找到我了，真的好有心。」眼角泛著淚光。

幾年之間，母親的生活有很大的改變，同儕的出現給了她很多笑容，還有念不完的新事舊事。原本封閉自己，平時就只跟幾個親戚、街坊往來，現在回老家會看到她戴著老花眼鏡，忙著回訊息，存著一堆搞笑影片跟長輩圖，只為跟她的「中興好姐妹」群組分享。

女人的友情是很微妙的，不管歷經多少難堪的爭吵跟對立，終究想和好。時間帶給女人故事，故事磨練出她們更強大的包容力。**縱使前方的路再黑，也願意攬著臂膀，那種陪對方上廁所的亡命天涯情感，被很扎實地種在歲月裡，微小又巨大。**

成年人的世界是孤獨的，能存在生活裡的安全感少之又少，我時常為了人跟人之間的真假難辨，感到困惑且灰心，幾次付出真心得不到回應，想往老朋友的懷裡躲，卻發現之間隔著千山萬水。約一頓晚餐一波三折，久了，習慣報喜不報憂；但總會有幾個人讓我感受到被重視，察覺到再細微不過的負面情緒。哪怕是拋家棄子，一整天有一百個會要開，都能用見縫插針的巧勁，百忙中抽空聊聊近況，我那稀鬆平常的喜怒哀樂，卻是他們在意的事。

朋友沒有先來後到，而是來了之後，再也沒有離開的人。比起死別，其實生離未必好受，從前我總害怕分開，深知一聲再見過後，未必能夠如願再見。現在反而能看開，照著想要的步調生活，不刻意為誰等候，把心門敞開要來便來，真心的人自然靠近。

哭哭啼啼終究還是要長大，此刻的我，終於能用比較豁達的態度看待聚散，**久別或許是一道淬煉過程，能把人際圈裡的雜質過濾掉，老是想念肯定是用過心。**願意把所有事情排開，為你多留一點時間的人實在不多，即便哪天行動不便必須拄著拐杖，都肯翻山越嶺而來，只為並肩坐著傾聽，這才叫值得留的真感情。

#沒必要的朋友不必深交

朋友之間沒有所謂的先來後到，只有是否願意將你放在心上的人，再忙再累都願意為你留下傾聽的時間。

歡場無真情，交朋友得在光天化日之下。

北漂歲月裡最徹底迷失的一次，是連續好幾年讓自己泡在酒精裡，把夜生活當成精神寄託，票口跟領檯是我的神父，必須每個禮拜上夜店告解，讓精神得到救贖的錯覺。以前還年輕啊，賺了一點錢可以揮霍，以為不去夜店就沒有社交生活，能在裡頭撈到一點虛名跟好處就沾沾自喜，喝到醉、醉到掛是成年後自主性的表現，有好長一段時間我都是這麼過活。

到了某個年紀，發現這些人際關係跟夜生活的種種會見光死，如吸血鬼般，照到太陽就變成一陣烏煙散去，不留痕跡。尤其是異鄉人初來乍到，一個人在陌生環境裡的社交焦慮，格外明顯，沉迷夜生活的熱鬧喧囂，以為眼前的世界就是世界，昏暗空間裡的五彩燈光，往往是華麗的幻覺。

通常「我以為我們很好」的這類人，多半是在夜裡遇見，多喝幾杯，心事埋再深都會翻出來坦誠相對，煽情地說「相見恨晚」，很奇妙的是大白天碰到，一聲招呼總有說不出的生澀。要是哪天遇上麻煩，滑遍手機裡的聯絡人、對話框，手指對準的撥號鍵始終按不下去，往來好久，換來一段連自己都不確定的關係。很不想稱為酒肉朋友，但我們真真切切地就是在玩樂場合認識。

我向來習慣將朋友二分法，是朋友、不是朋友的簡單腦袋，也在泡泡中破滅。經歷一長串的拉扯與崩潰，慢慢理出頭緒，並且學習將朋友分類，在不同時段各取所需。果真，一腳踏進社會要先學著現實，你若不有樣學樣，用眼色作為防備，就等著被狠宰。

#訓練人際敏感度

歡場之交就當成萍水相逢，啤酒泡沫註定消散，若真有不錯的互動，勢必要拉到光天化日下接受考驗。

決定考研究所的那個暑假，一次要繳幾萬塊的報名費，當時家裡經濟狀況不好，對一個升大四的窮學生來說，畢業製作的參展費、學費、生活費、房租、補習費，變成巨大的黑洞。錢的問題太敏感，沒辦法對太多人開口，我在網誌寫下沮喪心情。

某晚，過幾天就要繳補習費的焦慮，讓我徹夜未眠，朋友T在MSN上主動關心，好不容易抓到浮木，一股腦兒地把重壓心頭的煩惱全倒出來，圖個安慰也好。過兩天，T突然傳來一長串的訊息：「知道你不喜歡接受好意，但我有存一點錢，原本打算明年出國唸書，如果有需要可以先借你應急。之後有能力再還，不要覺得有壓力，我相信你一定會成為很棒的人，如果能幫上忙我會很開心。答應我，你要加油。」

多年過去，想起那封訊息仍會掉淚，好幾次拉我走出人生低谷，陪著我撐過去的全是平時疏於聯繫的人，想都沒想過的普通朋友。

同甘，但不願共苦的大有人在，杯觥交錯的狀態讓人失去判斷；界定朋友種類時，保持清醒有好無壞。

某天，認識一個剛上台北工作的新朋友，他問我：「大城市的人很現實嗎？是不是都不願真心相對。」每每遇到同樣離鄉背井的小孩，我總忍不住叮囑，趁著對方還是一張白紙，趕緊用過往經驗提醒。**進入社會之後應酬難免，遇到能夠信賴的好人少之又少，歡場裡的人是為了你一張臉、你的名字而來，有所企圖的交際不叫真感情。**

夜晚的社交圈其實不是絕對可怕，但要先做好行前功課，知道建立在追求快樂的人際關係，一碰就碎，稍起一點波濤就能嚇跑對方。震耳欲聾的花花世界裡沒有深刻交流，求個熱鬧而已，有我沒我其實沒差，不如三五好友約在聽得見對方說話的地方，就算沒有酒精催化，氣氛也可以很嗨。從轉換場域訓練人際敏感度，曉得哪一段關係是輕是重，誰是蜻蜓點水，而誰打算落地生根。

後來我留著這份溫情，本就不該讓金錢往來破壞這段友誼，所以婉拒了T的好意，一直惦記著到現在。要知道有些人沒辦法總是陪著嬉戲玩樂，但他卻總是在陽光燦爛的時日裡，安安靜靜等著，別無所求，但求你好。

心直口快，在成人世界是一種惡。

前室友N長年在北京工作，要見上一面可不容易，年前趁著她回台北過年，相約在一間火鍋店圍爐話當年，聊起曾經窩在客廳的破沙發，蓋著小毛毯看爛片看到睡著的溫馨往事，微寒的一月天裡特別療癒。當時的我們，都還是苦命的小上班族，月底窮到哪也不去了，大夥兒待在家的時間多，麥當勞的套餐可以分著吃一整天，有種出外人同甘苦的幸福。

「K還在北京嗎？」

「幾乎沒聯絡了，你有嗎？」

K的工作是服裝造型師，對美有一定的眼光跟標準，但他卻把批判的習慣帶到生活裡，一見面便開始對人品頭論足。「妳這裙子哪裡買的？好像酒店小姐。」、「你其實長得蠻好看，但有考慮去整一下蓮霧鼻嗎？」、「這包包好好看喔，可惜不適合你。」、「你今天擦的香水，怎麼有公廁的味道。」從髮型、穿著、說話語調，細微到指甲顏色都有意見，身邊朋友無不練就一身一笑置之的功力，多做回應只會換來更毒辣的評論。

聊起曾經同住的K，氣氛突然下沉，正如他施加在別人身上的粗暴言語，誰都不願多做回應，更不想花時間討論他好或不好。每次有他的聚會都像《康熙來了》吐槽彼此，你一句我一句，彷彿隨時有攝影機對著拍，**但生活不是節目，不需要有那麼多綜藝效果，我們都不是藝人，沒有求關注的壓力，玩笑開久總會擦槍走火。**

某天，我因工作而姍姍來遲，當天被告知公司決議資遣，心情差到一句話也說不出來。朋友硬把我拉出來，安撫著說：「你一個人在家會想很多，不如來跟我們聚聚，有人陪著應該會好一點。」走進咖啡廳遠遠就看到K指著我說：「你看起來好倒霉，發生什麼事了？」

同桌友人對K使個眼色，小聲地交代剛才在公司發生的事，沒料到他把音調提高：「你被炒了？」不想生氣而煞了眾人風景，於是我提前離席，回到家後收到一封訊息：「別跟他計較，他這人刀子口豆腐心。」

離職的消息快速傳開，一整天訊息回不完，每回應一個人，情緒就上來一次，索性把手機切成靜音，打算過一陣子心情平緩一點，再向關心我的人報平安。跟我交情不錯的前同事中午突然打來說：「你在公司嗎？我剛好到附近開會，一起吃個午餐。」她的午餐幾乎沒吃，努力傾聽、安撫、鼓勵，主動說會幫我多留意業界職缺，要我別太慌張，先休息一陣子。臨走前還不忘幫我重建信心，那一個小時好像鑽進了媽祖的神轎，再站起來的時候，連我都相信自己一定會好。

#傷害他人自尊的有趣是「刻薄」

被刀子口傷害的豆腐心很難痊癒，以牙還牙是浪費力氣，不如學著疏遠、試著丟出軟釘子。

成人世界並非容不下批評，但若惡毒超載，即便有著為你好的心腸，都無法視為善意。

像K這類過度直言到不長眼的朋友，形成人際負擔，無關交情深厚都會想第一個疏遠，大可以連對話都不必。**只要有人買單，言語霸凌就會持續存在，最好的反制方式就是將其邊緣化，讓老是語帶諷刺、揶揄的人失去說話權。**第一時間要送出軟釘子，讓對方知道這樣的說話方式不討喜，如果再有，就不予回應。建立在傷害他人自尊的有趣，不叫做幽默，是刻薄。

當交友的態度日漸成熟，慢慢就能看穿口無遮攔跟直爽是兩回事。想要真心以待的人，絕不會拿來當感情的試金石，當時的玩笑回想起來只覺得驚悚，K喋喋不休的表情時常浮現，群起圍攻早些年我也有份，像一面鏡子般，沒徵詢他人意見卻引來批評，無端被打臉的感覺有多不舒服。

美國六〇年代的嬉皮為表達反戰訴求，發起「Flower Power」運動，軍人拿槍對著手捧鮮花的年輕人、劍拔弩張之際，年輕人將手裡的花插進槍管，柔性訴求「愛與和平」。喋喋不休的嘴巴像裝著一把槍，而那些溫柔的、明理的、善解人意的話語就是花朵，讓戰爭平息的最好方式，就是為這些人獻花。

肺腑之言只要有一點傷人的成分，寧可默不吭聲，一句話有很多種說法，睿智的人懂得看時機看臉色，並給予尊重，橫衝直撞絕對沒有好結果。身為觀眾，看著螢光幕上的藝人羞辱對方很有趣，但誰都知道那是逢場作戲，場景拉到現實生活裡，要是身邊有幾個毒舌角色會有多不舒服，光想就頭皮發麻。心直口快在成人世界是一種惡，層次高的人會讓自己成為善的源頭，讓花香蓋過槍膛的煙硝味。

曾以為把朋友用小團體圈起來，拉到群組就能一輩子。

每當我翻起一張張舊照片，發現有不少合照已變成經典。所謂經典，是畫面裡幾張笑臉貌似親密，如今卻成為絕響。曾經以一群人為中心的人際圈，撐不到一起點著相簿回憶青春的人生階段，令我唏噓不已。仔細回想，從「我們這群」變成小團體的過往時日，所受過的傷全來自於過分投入，世界總繞著那幾個人轉。

人是群居動物，只有極少數能夠遺世獨立又活得自在，談起小團體總讓人又愛又恨，過往人生在聊天群組幾進幾出，始終沒辦法來去自如。也曾想過要以孤鷹姿態獨來獨往，可惜我註定瀟灑不了，好幾次拖著疲憊黯然退群，一身腥要不就一身傷。

剛到陌生環境，成群結黨是最快得到安全感的方式，學校相對單純許多，要好要壞也拖不過畢業，一段關係就會成定局。**進入職場後，我則是雷達全開、刻意避開派系之爭，與其選邊站，不如埋頭苦幹，不做多事八卦之人。**

多數的小團體是情感脆弱的組成，依賴的背後是害怕。

要徹頭徹尾感受小團體的甘苦，得把時間往前推，回推到初入社會，正值二十二、三歲要開始一段新生活之時。頭一年通常是公司跟家裡兩邊跑，刻意跟同事保持距離，假日偶爾跟老同學聚會，拜網路所賜不至於寂寞。

當時這城市對我來說還算陌生，扣除零星幾個家住台北的大學同學，嚴格來說，一個熟人都沒有。因緣際會下，在某次聚會上認識幾個新朋友，相處得異常融洽，說一見如故太矯情，只能說笑點哭點都有共鳴，就此產生引力，將飄浮狀態的我拉回地面。

就像談戀愛，總想要每天都見到對方，就算無聊也想賴在一起；不久之後演變成固定班底，到哪都同進同出，有著彼此才懂的手勢跟暗號，自然而然開始用「我們這群」來代稱。幾次喝嗨之後，我們這群開始有了名字，一個想要非我族群都必須認得的名字。

賴著一群人的生活像手拉著手兜圈，彼此就這樣原地轉了好幾年。與其說小團體，不如說成是情感信仰，認定有這群人就夠，只要彼此撐著彼此，就能順風順水的過完這輩子。但過程中有愛有恨，最後這段關係禁不起時間的沖刷而崩解，離開結成小團體的時空，友情漸漸失溫。

那幾年，內心異常脆弱，一有風吹草動就嚷嚷著崩塌，誰跟誰失和避不見面，誰和誰又不知道怎麼了，明明事不關己，還是得拼了命守住堡壘，三不五時陷入恐慌，甚至擔心被排擠而提心吊膽。把所有安全感都放在同個地方，不是好的人際策略。

沒有一輩子的朋友，只有記得一輩子的人。

一點開通訊軟體，滑過幾個彷彿被切成靜音的群組，失去無話不談的氣氛，不知該進該退，時常看著舊合照想著當初形影不離，如今卻慢慢淡去，淡到再遇見也僅能寒暄幾句，很難不感傷。可感傷無濟於事，倒不如把一次又一次的小團體看成旅行，曾有過共同目標，心裡明白總有一天會往各自理想走去，註定分道揚鑣，就可以成熟以對。

想起一部韓國電影《陽光姐妹淘》（Sunny），內容敘述七個感情要好的中學女生組成「七公主」，曾說好永不分開。事隔多年斷了音訊，再見面已不是當年單純的七個人，各自經歷不同的人生，有人意氣風發，當然也有人落魄。

故事最後來到大姐頭春花的葬禮，為實行遺囑，必須在靈堂前重跳當年校慶沒有完成的舞蹈，幾個中年婦女恥度全開，跳到忘我，笑容還是二十五年前的那群小女生，讓看似破碎、現實到刺痛的故事變成溫馨結局。

要知道一起喜歡一件事，一起討厭一個人，遠不及一起互相提醒、成長的關係來得堅固，喜好是會改變的，再強烈的感覺都將隨著時間淡去。你說可惜嗎？從前的我肯定說是，但現在卻希望各自安好，等著再聚首不見得要談近況，能笑著聊從前就不可惜。

眼前的人生將越來越沉重，要彼此跟在身邊一輩子太強人所難，再輝煌、再熱烈的小時代終將過去，人來人往是自然法則，別被幾個人給絆住了。讓小團體變成一個安心的角落，往後日子裡受了委屈就往裡頭躲一躲，等待復原再回到各自生活，切記這裡是停靠站、加油站，不是終點就不要逗留。

#群組小圈圈

過於專注經營小範圍的人際關係，情緒容易被放大再放大，窩在裡頭會得到極大快樂，相對也得承受極大悲傷。

不在乎你的人總傷你的心，在乎你的人總為你傷心。

曾有一群老朋友共同在歡場出生入死，像電影《台北晚九朝五》的真人版，幾個人從學生時代就貪玩成性，進入社會後體悟到生存困難，人生不能只有玩樂，一個個游上岸。R是我們這群人的派對女王，玩心絲毫沒有被日漸衰退的體力牽制，工作始終平平但私生活精彩，並非一般人可以想像，勸過她幾次要多替未來打算，但日子漸漸被工作壓得死死，沒太多時間操心其他人的事，久了，互動也少了。

有次，我們早早約好在一家餐廳吃飯，R明知有約還喝到早上，不用猜就知道宿醉到連出門都懶，拖到最後一刻才在群組裡說不來了。我直接把R數落一頓，見她惱羞成怒，開始反諷說我人緣差，見不得別人好，平時沒人約才巴著這頓飯不放。這些話擺明傷人，但氣歸氣，略過一場口水戰，提醒她說話要給彼此留點餘地。

當天晚上，T特別打電話來關心，雖然感情早已不如從前，我其實大可以不必理會，但氣不過付出誠意卻換來無禮對待，類似事件已不是第一次了，便連同這些年受的氣全宣洩出來。謝謝好心之餘，不忘提醒T透過這件事可以認清R，自己要有個底，難保有天也會被這樣對待。

過沒多久，朋友傳來一張截圖是R的臉書發文，暗指我人品有問題，口氣極度失控，我立刻打給T想釐清過程，究竟說了什麼讓R再度暴走。起初T矢口否認，直到我點出有些事從來沒對別人說，為何有第三個人會知道，這時T才慌張地說：

#眞正的朋友

不該花太多時間為不在乎自己的人而難過，世界遼闊，能牽動得了情緒的人肯定是在乎你的。

「我只是想關心你，別把氣出到我頭上。」

「難道你會不曉得傳話的殺傷力嗎？兩個正在氣頭上的人，況且都是你的朋友，這麼做無疑是火上加油。你究竟是想勸合，還是想讓兩個人決裂得更徹底？」我反問。

「我不知道事情會變這樣，他是很重要的朋友，我才選擇據實以告。」

「所以我是不重要的朋友。」

暗刺雖痛，痛不過扎進舊傷的那瞬間，長期不被在乎的感覺浮上檯面，讓我開始質疑自己的擇友標準。那一陣子總是悶悶不樂，被其他朋友察覺，把我拖出來問個清楚，聚會總是不發一語的狀況很令人擔心，吱吱唔唔地把多年不被當一回事的苦交代清楚後，喪氣地問：「我是不是一個很糟的人？」

眼前幾個人拼命地想把我的負面情緒轉正，搖著肩膀說：「你還有我們啊。」聽到這句話時我豁然開朗，**多年來的好心為何總是被恣意揮霍，從處**

理紛爭的方式跟立場，答案其實呼之欲出。

真正的朋友護著你都來不及，怎可能讓你受傷，還要再花時間安慰你，多不科學。

已經不年輕了，彼此還願意往來的朋友尤其重要，我心裡放不掉嫌隙，於是決定做個了結：「你的好意我要不起，留給別人吧，保重。」發完這封口氣果斷的訊息，就把他們的聯絡方式刪除。往後笑罵由人，每當耳邊傳來耳語，我只是禮貌性地說：「我沒有想要知道這些。」

為了將一段關係從生活裡剝除，封鎖、刪除、傳話、宣示……有時候做完一連串動作，對自己喊完口號後覺得好窩囊，這種處理方式其實沒瀟灑到哪去。「不在乎你的人總傷你的心，在乎你的人總為你傷心。」其實是我批踢踢[註1]帳號的名片檔，寫在十七歲那年。過三十歲的頭幾年，我的人際關係進入斷捨離階段，曉得哪些人該留、該放，再回頭看那句話仍然有感。

此刻三十有六，即將奔四，對朋友的態度淡然異常，幾乎不為任何人擺動。人際關係不需要大悲大喜，還能擁有彼此就是一種安全感，不需要執著到底誰比較在乎誰，小情小愛不打緊，最重要的是長長久久。

不想因誰傷心，更不需要誰因我而傷，真心朋友，從來就不必花太多時間拉扯。再回頭讀一次那句話，在乎爾爾，傷心爾爾，突然覺得煽情到有點尷尬。

註1：台灣的電子佈告欄，全名為「批踢踢」實業坊，簡稱批踢踢，PTT。

不是什麼忙都該幫，特別是感情事。

有些名字被提起時，腦袋會突然搜不到形容詞來解釋這段關係。一句「朋友」說不出口，也並非「只是認識」那麼單純，奇怪的是沒有過正面衝突，卻因一些破事而漸行漸遠。於是，基於成年人社交時該有的優雅姿態，僅能淡淡地說：「我們曾經很好。」

說兩肋插刀不至於，但朋友發生急難，若是願意開口，哪怕是洗澡洗到一半接到電話，我都會趕緊把身體擦乾，隨便抓一件衣服跟褲子就出門，即使頭還是濕的。願意找我幫忙，想聽我說話，都會讓我有種幸福感，心臟彷佛有無數隻手捧著，暖得可以。

「你睡了嗎？」話筒裡有很重的鼻音。

晚上十二點多D打來，應該是剛哭過，一點風聲、一點車流的引擎聲，配上平均三秒一次的呼氣聲，細細碎碎地，大半夜拼湊起來挺嚇人。我慌張地從床上彈起，趕緊問：「你人在哪？」聲音要哭不哭，緩過長長的一口氣，平靜地回說：「我跟那個王八蛋分手了。」

「報地址給我，我現在去找你，你先不要亂跑。」

一把抓起機車鑰匙和錢包衝下樓，因為有過朋友尋短的可怕經驗，曉得要盡可能保持通話，確認對方的情緒不至於失控，承諾盡快出現。從天母騎到公館，每停一個紅綠燈就發一則訊息請他再稍等一下，原本半個多小時的車程，顧不得危險十五分鐘就到。一到現場，看見D呆坐在打烊的書店門口，吐著菸圈，正經歷一段滄桑，氣氛肅靜到讓人不知所措，我問：「你還好嗎？怎麼了。」

用四個小時抽完兩包香菸的節奏，就這樣陪他坐到天亮。聽完整段D的（前）男友用多麼拙劣的手段欺騙，以及尺度大到需要摀著耳朵聽的出軌故事，偶爾穿插我抱不平的怒罵。凌晨六點多，人聲逐漸鼎沸，邊走邊拍手的老人三三兩兩經過，強忍住呵欠，D的眼神似乎輕鬆許多，不好意思再拖著別人聊失戀，於是一個擁抱後道別。

當晚，D在臉書發出一張跟男友吃飯的照片，顯然已經和好。發簡訊關心是否一切都好，收到「嗯嗯。」兩個字。好一陣子無聲無息，直到有天收到他男友的警告，意指我嫉妒他、暗戀D，見不得別人好而煽動分手。我急忙打給D才知道兩個人又吵架了，甚至遷怒於我。若論地位，我只是個片場外送小哥，卻捲進八點檔連續劇，最後百口莫辯，被迫道歉還要負起挽回D的責任。

#感情事別插手

遇到朋友感情問題千萬別干涉，情緒在浪頭上的人根本聽不進勸。不如學習當樹洞，讓聲音有去無回就好。

這齣戲碼在我眼下巡迴過三次，最後不得不拒接D的電話，訊息盡可能敷衍，他男友到後來非常神經質，一有口角就認定是我又說了什麼。但其實我從不主動聯絡D，就連這些內幕都是他自爆，也沒問過別人想不想聽，實在忍不下揹黑鍋的委屈，最後直接表明：「請你們別再來打擾我了，謝謝。」

感情事等於家務事，況且，正在情緒浪頭根本聽不進別人的勸，強勢的人急著發洩，軟弱的人只想討拍。不如就讓對方自作自受，練習承受也練習復原。

好壞都是兩人關起來談的事，與你無關。好心是自以為，插手毫不相干的事就叫「自找麻煩」。

有一就會有二，有三就保證沒完沒了。又有多少人能忍耐、包容非親非故的人，三番兩次的情緒轟炸，炸完之後連聲謝謝都沒說就離開，平穩生活因此翻覆，而他正在前任的懷抱裡療傷，上演還是想愛你的戲碼。

朋友之間就算關係再親密，遇到感情問題記得只給安撫，盡可能多聽少說，甚至只聽不說。情火攻心，當下可沒人想聽真話，主意再好，吃起來都是餿的；就只管當他的樹洞，讓所有聲音有去無回。曾經調解未成，卻被扭曲成煽風點火，苦勸過的話被毫無修飾地引用，雙方情緒都到達燃點，還不忘註明出處強調：「威廉也這麼覺得。」無端被拉入家門參與大亂鬥，最後公親變事主被逼死角，朋友卻見死不救。

扔掉無謂的擔心，既然要愛，就得要有不愛的心理準備，感情的甜蜜與痛苦是一體兩面，沒理由只管享受，不承擔折磨。誰不是這樣靠自己撐過來，把難題丟給朋友硬要拉著別人一起扛，這種作法太過自私，負能量拼命地倒，沒照顧你情緒的人就放生吧！

朋友是張標籤，一張白紙是最好的社交狀態。

如果人名可以是形容詞，那麼，是「誰的」朋友這件事就變得很重要。

某年中秋，因為出刊時間延遲必須盯緊進度，與印刷廠確認到最後一刻，奉命留守公司。一回到家，撞見室友T正要出門，拉著我去跟他的同事一起烤肉，滿場半生不熟的聚會讓人有些卻步，有幾個人見過、叫得出名字，而多數人我連聽都沒聽過。拗不過滿街的烤肉香，到人多的地方練習社交，強過一個人在家吃外賣。

因為比較晚到，現場氣氛已經很嗨，大家都曉得我是T的室友，所以特別友善。怕我無法融入，幾個比較貼心的新朋友輪流招呼我，又是倒酒又是夾菜，一群人要玩遊戲的時候，還會特別小聲地確認我想不想加入，不忍心看我落單。有個嗓門很大的女生眼神迷茫，幾個月前在酒吧碰過，人海裡我們如偶像劇般的四目交接，她大吼我的名字。

「威廉！你什麼時候來的？」

「來一下子了，原來妳記得我。」

「我當然記得啊。」

「我是L的朋友。」

「哪個L？」

「一個眼睛圓圓大大的男生，做設計的。」

「原來是那個L啊，你怎麼會跟他混在一起？」

見話鋒不對，婉轉地打探原因，這女生還不到醉，個性率直但並非是會

#無痕模式

不管是生活裡的人際或職場，成為一張白紙，盡量避免讓自己的名字跟別人連在一起，也小心別被不熟的人拿去消費。

惡意中傷別人的人。我的長相不是太有特色，很常要見二次以上才會記得，因此習慣用誰的朋友來代稱自己，試圖喚醒對方印象，從沒想過這樣有何不妥。她告訴我L的風評很差，表面看起來很有禮貌，但喜歡占人便宜，沒人歡迎他，若不是T的室友，自稱為L朋友的人肯定進不了門。

原來朋友是一張標籤，和誰一起就容易被歸類為同一種人，是好是壞可不一定。

我眼裡的L似乎不如她說的那般邪惡，喜歡耍點小聰明搏好處，但不至於罪大惡極到必須拒絕往來。回家路上，T解釋著說每個人判定善惡的標準都不一樣，**要知道無風不起浪，只有一個人這麼認為叫偏見，但多數人看法**

一致就表示真有其事。雖說，別從別人嘴裡認識一個人，褒貶因人而異，但從另一個角度閱讀評價，也算作資料蒐集，問題發生時能幫助窺透盲點，畢竟人心難測，多少提防著點不是壞事。

果真，L的吃相越來越難看，哪裡有好處就往哪裡鑽，看誰得勢就接近誰，甚至還會耍一些小手段，故意出門不帶錢包，讓別人幫忙付錢，口口聲聲說下次給，但下次還是忘記。朋友們到後來也不想計較，就當成請客，只是這種裝傻的次數一多，難免落人口舌，仔細想想，那個女生還真沒說錯。

平時累積的好交情留在緊要關頭運用，不需要讓別人搭順風車，不熱衷媒合也不平白無故的轉介，關係越複雜就越容易搞砸，小心發生問題時會產生連坐效應，遭到波及。

曾受人之託好心牽線，一方急著找人，另一方失業許久，雙方聊得不錯，看起來是雙贏局面；到職後問題開始產生，出勤狀況不好會私下找我抱怨，能力達不到公司要求也要我幫忙想辦法。最後把氣出在我身上，暗指眼光不好，沒有把關就貿然推薦，我終於不耐煩地回：「有沒有搞錯？包介紹，還得包生小孩。」狠話一撂，跟這個人的關係也就結束了。

可以做個簡單的實驗。把兩張紙遞到陌生人面前，一張有寫字，一張是全白，多數人會端詳紙上面寫著什麼，再決定要不要留；白紙就不同，會很自然地接過來，兩者反應有很明顯的差別。人啊！一到陌生環境便沒有了安全感，會下意識地找標籤往自己身上貼，好像自稱是誰的朋友就會強大一點。這種行為其實很愚昧，先給既定印象不是大好就是大壞，何不安安分分地把自己攤開，無痕模式是再好不過的社交技巧。

生活像場戰鬥，但不需要勝負。

在一次的校園座談會上，有位格紋襯衫全扣、戴著金屬框眼鏡的理工科男生，以學霸之姿舉手發問：「老師，什麼樣的人適合一起做畢業專題？」問題沒頭沒尾，我接著釐清：「你是想問什麼樣的人格特質，適合合作嗎？」他猛點頭，大三上學期就開始躊躇畢業專題，肯定是求好心切，對成績有企圖心的人。我告訴他：「**若想拿高分，找厲害的人，不如找可以溝通的人。**」

談到組隊，人們總會下意識地找強者一組，但賽事跟職場不同，分勝負跟成大事的作法也不同。好隊友得靠默契培養，對能力有自信的人多半強勢，團隊只要有兩種以上的主觀意見，就得花更多的時間成本磨合，間接拖垮效率。想把事情做好就得花好幾倍的力氣，若是無法溝通也不願理解對方，雙頭馬車會導致四分五裂，成不了事。

到新公司上班的第一個月，因為想把第一步踏穩些，我提出多達八頁的大型企劃，針對商務男士的夏天搭配做一系列的專題報導，找了常配合的髮型師、化妝師跟模特兒，素質都是一時之選。我的處女秀格外慎重，特別央求熟識的攝影師G跨刀相助，即便當時已經是國際廣告、時尚大刊的御用人選，憑著多年交情，對方很有義氣地答應掌鏡拍攝。

拍攝當天的氣氛還算融洽，幾個老班底一開始有說有笑，模特兒甚至擺出幾個誇張的動作，G很滿意，但我從電腦看到的畫面跟企劃差太多，便跑到鏡頭旁邊說：「待會可以幫我試原本設定的動作嗎？」沒想到先一口拒絕的是G。我臉色一沉，努力說服他幫我拍幾張或許呆板無趣，但符合規格的照片，好用來交差，至於前衛的照片留著放作品集就好。

他請助理拿出腳架把相機架上，快門胡亂地壓，一邊按一邊故作無奈地看著我說：「你要，我可以拍給你啊。」現場所有工作人員都傻了，不管他名氣再大，美感再強，但我才是版面的主導者，照邏輯來說更是客戶。為求順利收工，我選擇退一步讓場面得以收拾，那是最後一次跟G合作，關係降到冰點，往後見面都用官腔在虛應彼此。

打定主意想掌舵，
就必須把合作對象換成助攻角色，
一艘船不需要兩位船長。

合作對象能力不需頂尖，但要不花太多力氣就能理解對方想去哪。就算成果不盡理想，偶有偏離，也會隨著大環境的浪頭緩緩推進。風雲一旦不測，能有默契、有共識地解決問題，會比有各自懷持遠大目標要來得實際。

工作時，大家都喜歡跟有才能、有理想的人相處，但太有才華的人湊在一塊，若沒有第三方的領導，肯定誰也不服誰，更別說要把事情做好。一山不容二虎的道理不難懂，一群很有主見的人很容易演變成各自堅持己見。換到生活場景，**總是愛比較、處處不相讓的人，相處久其實挺累人的。已經過了怕得罪人的年紀，想將關係的主導權拉回自己手中，強勢是很不討喜的特質，我會優先汰除，沒必要就不會想特別聯絡。**

職場上很難避免，但我一直在做智商跟情商的平衡修練，真正有智慧的人不是追求表現，而是能在適當時機，提出解決方法，其餘時間如水一般負重前行，成為推船入港的流動力。追求平靜的心境悄然地滲進生活裡，贏過誰不重要，要贏過昨天的自己就已經夠難，盲目競爭的格局肯定不大。

人生需要咬緊牙關，奮力搏鬥的事情從沒少過，花太多力氣在跟別人一來一往，激烈拉扯過後，還得要嘗試擁抱展現氣度實在太費神。越強勢的人越需要保持距離，再成熟的關係也禁不起成天鬥爭。

「擇善人而交，擇善書而讀，擇善言而聽，擇善行而從。」擇善而交是智者經營人際的方式，「善」絕非是強的意思，是舉凡任何能帶來正面意義的人事物，縱有缺陷仍能相伴同行。最理想的循環是找到個性互補，並且可以從他身上學到自己所沒有的長處，用最溫柔的方式切磋、成長，能透過與人的交流來成就更好的自己，才是最好的相處之道。

#找夥伴而不是豬隊友

盲目競爭所帶來的成長，效期很短，能一起闖到最後的人，才夠格稱做「夥伴」。

沒辦法一起好好吃頓飯的人，稱不上是朋友。

會說我難搞的通常都是熟人，好好先生的外表成為原罪。在雜誌社工作那幾年，常有同業餐敘，當時資歷淺撐不住官飯的大場面，說話直來直往，討論起業界生態跟對人、對事的觀感，幾乎是有問必答。沒看懂前輩挖的坑，好幾次栽進去之後還沾沾自喜，當場失言事小，背地裡傳話才叫可怕，只怕無心樹敵變有心。

沒想到吃飯的學問那麼大，簡短地聊天卻變成一齣類戲劇。官場的複雜程度遠超乎想像，讓我一度聞餐敘色變，一想到要跟半生不熟的人，用滿滿的表演填充原本該輕鬆的飯局就恨不得逃走。為此，還特地去搜尋餐桌禮儀，深怕一個不小心留了話柄，讓公司蒙羞，直到將私生活的我跟工作上的我切割開後，狀況才慢慢好轉。

初到陌生之地，人際圈從零到一是最痛苦的過程，搬到上海的第二週，舊同事怕我這隻孤鳥沒辦法落地，牽線認識同樣是台灣人的C。在酒商工作、生性海派的她，很快地把我拉進一場同鄉聚會，新開的涮羊肉店氣氛熱絡，聽著眾人分享最近發生的爛事，可以感受在場的人彼此熟識到某個程度，而我怯生生地卡在裡頭，明顯是局外人，這種為了需要人際關係而主動交友的感覺忽然變得很熟悉。

當時二十七、八歲的我，人生好歹有些歷練，不容許自己像隻鵪鶉般無助，所有陌生場合都像是人際學習的成果發表會，決定拿出膽量跟氣勢，主動與人攀談，但還是多少顯露不自在。過了一陣子，C問起近況，想再約一些人讓我認識，我婉拒好意，並且把當時的心情一五一十告知。

#內向人的生存之道

溫吞的毛蟲也有生存之道，一身絨毛是軟刺，人不犯我，我不犯你的態度，證明吃過的苦沒有白挨。

她安撫我萬事起頭難，是我把一頓飯看得太複雜，並非所有流動過來的人際關係都得全盤接收。**交友沒有絕對值，把握時機給別人留著好印象，有好無壞，比防守更重要的練習是識人。**

不想讓我落單，她好心拉群的行為很令人感動。但一進到新的社交圈要快速融入的節奏，沒幾個人吃得消，若非社交型人格，對陌生人多少有著一定的防衛心，就算得到聯絡方式，肯定也不會真的聯絡。**一對多不如一對一，要跟一整場的新朋友聯繫太為難自己，一次聚會能收穫一個聊得來的人，就算不枉此行。**被動的人註定孤獨，個性內向的話，不妨從一個點開始經營，最終連成線、圓成圓，人際格局有努力就有收穫。

先拿到手，再決定要不要，擁有人際關係的主導權才有資格談原則。

離開職場成為自由身的我，終於不用一人分飾兩角，糾結於該外向還是該內向。私領域的範圍可以無限擴大，生活圈封閉到只剩一扇窄門，終於能減少這類飯局是心裡暗藏的小確幸。這幾年對新朋友的需求變少，若不是工作需要，要跟陌生人同桌都會盡量避免，席間若有生面孔，我習慣會事先問清楚對方是誰，靠著後天的第六感看看氣場合不合，再決定是否參與。

每次要約飯局，朋友總會吐槽一句：「叫威廉決定，他規矩最多。」信任我的識人眼光，能同桌的人肯定無害，我喜歡的相處氛圍是可以輕鬆到口不擇言，但不是飢不擇食，為求建立關係而用一頓飯來作為引子。

吃飯是放鬆的時候，寧可一個人享受，也不願多花一分力氣去應付另一個人。能成為飯友，肯定是被認定的真心人，**能包容缺點也能體諒失言，彼此的交情成熟到可以辨別是非，不讓聚會成為紛爭源頭，吃完一頓飯便有收拾不完的人際衝突。**

創業初期，我把所有的心力耗在經營自媒體，留給社交的時間很少，若有機會見上一面，肯定希望有所收穫，追求一頓飯的極大值，公領域想有所收穫，私領域更要徹徹底底地釋放。沒辦法坐下來好好吃頓飯的人，稱不上是朋友，工作跟生活都是同樣的頑固態度。

好心造就失能，讓險惡的環境教他長大。

「威廉，你在忙嗎？我有案子想找你合作。」

「這麼晚還在問工作的事，妳該不會才剛下班吧？」

到新公司報到沒多久的前同事E，深夜突然發訊息過來，不想一來一往拖延到彼此休息時間，想順便關心近況，便直接撥電話過去。果真，報到第二週的她忙著適應公司文化，同時間還要在試用期內做出成績讓主管滿意，壓力頗大，才會忙到十二點多才準備從辦公室離開，一坐上計程車就想到找我討論合作的可能。

初步溝通都算順利，於是準備好相關資料跟提案，帶著夥伴M一同到公司做簡報。與會的員工個個狀況外，E跟她的老闆不斷地細問做法跟行情價。由於多了一層朋友關係，我不疑有他，況且想讓對方感受專業，便逐一說明。會後，走到遠處的騎樓，確認已與客戶公司有段安全距離，M跟我說：「我不覺得他們真心想要合作。」不信任客戶，至少我信任朋友，反過來安撫M別想太多。

幾天後，E說預算有限，跟我商討能否從外包廠商轉聘顧問。工作內容一變再變，一人頂三人的事，美其名想找顧問，但我一個人卻吃下主管跟員工的事，還得兼職當小編。向E表明顧問性質不該如此，如果需要員工我可以幫忙介紹。她很不客氣地回一句：「動嘴巴的事我也會做。」拖延將近兩個月，最後破局。

第一時間我向M致歉，白忙一場實在很不好意思，但他只淡淡地說：「威廉，你跟E很熟嗎？怕影響你們的交情，當時不便說得太白，這種客戶我很常遇到，用合作當餌，從你這種傻子身上能挖多少就算多少。你剛出來自己做，很容易把十分的可能，看成一百分。」

我試著從朋友角色抽離，以合作廠商的視角來看這整件事，E突然被推到照妖鏡前原形畢露。傲慢是來自於對新工作的不安，貪婪是因為想幫公司省錢邀功；至於欠缺的能力，原本想求外援借力使力，沒料到兩邊不討好，最後不惜犧牲友情保住飯碗。

事隔一年，跟幾個共同朋友聊起這件事，才發現E是「資源小偷」，凡事習慣「伸手牌」。私生活想知道的大小事，身為多年好友肯定熱情分享，但工作上的人際資源跟經驗法則，總要別人無償提供。不僅廠商的聯絡方式要給，連合作起來的感覺、需要注意的事項都會一次問清，遇到不會做的項目，不先試著自己解決問題，害怕犯錯被公司質疑能力，頭一個便是找朋友搬救兵。

#好心的界限

當不成好人，未必就是壞人。不害人，但也不需要過度好心，專注在自己的成長才能順利脫離險境。

助人，其實也是害人，扼殺別人成長的機會，不算是稱職的朋友。

一次兩次可以，就算感情再好，交情再深，別人靠著無數次失敗換來的成功公式，E一通電話就輕易帶走，靠著認識幾個能力好、手腕也好的朋友，以人情綁架來拱住位置，旁人的好心造就她的失能。我太沒警覺心，這灘渾水淹到喉嚨才知道要退，朋友安撫我：「幫久了也會累，很多時候變成我們在處理她的工作，就讓她自己長大吧！」

把現實跟工作上的身分切開，E雖是舊朋友，但卻是新客戶，兩件事不該混為一談，合作就合作，幫忙就幫忙。前者需要報酬，後者需要報答，有來有往的關係才會長久，不管是朋友或是客戶，E都沒對準規格，而我從頭到尾自認好心，不過是沒把世事看透的愚昧。

早些年我肯定難受得很，心想朋友之間既然發生問題就得解決，主動找E講開，甚至曉以大義，提醒她正確的合作方式。但長久以來，這種過分積極的維繫方式，對雙方來說都是沉重，沒有人喜歡被教訓，尤其是對方還站在一個需要抬頭看的位置，然後聽別人說他究竟有多失敗。

最近我練習著對周遭的變化袖手旁觀，甚至希望別人對我不理不睬，遇到問題先自己找方法解決，怎樣都不想輕易搬救兵。找朋友幫忙是最差勁的解方，一個人蠻幹有一個人的好，得與失都是養分，哪怕失敗了也不會想埋怨。

沒有一段關係不會過期，當我們不再是我們。

第一次到香港旅行的時候，特別去朝聖電影《重慶森林》裡幾個主要場景，站在重慶大廈門口，試圖感受曾經發生的美麗故事。行經中環半山的自動手扶梯，忍不住用王菲的視角窺探，可惜梁朝偉早就不住在半山腰的房間。每到五月一號，我總會想起這段文藝到不行的對白：

「在一九九四年的五月一號，有一個女人跟我講了一聲『生日快樂』，因為這句話，我會一直記住這個女人。如果記憶也是一個罐頭的話，我希望這罐罐頭不會過期。如果一定要加一個日子的話，我希望她是一萬年。」

一個罐頭是一段關係，用保存期限比喻人與人之間的偶然性，愛情是，友情更是。

看過一篇網路文章，描述何謂真正的ＢＦＦ（Best Friend Forever的縮寫），看過你最慘淡的樣子，失戀、素顏、穿著睡衣頂一頭亂髮，要有對方才懂的私密綽號，生日、鞋號、衣服尺碼倒背如流。具體的內容我記不得，但當時頭一個就分享給Ｒ，閨密稱號她實至名歸。

那陣子碰到公司改組，壓力巨大，偶然滑到一張花蓮慕谷慕魚的照片，溪水在青山翠谷之間繚繞的畫面太美、太安寧了，肯定能治好我的職業倦怠。二話不說立刻約Ｒ，最近跟她走得很近的Ｈ也說要跟，太魯閣號的對號座位兩兩成排，我再找了老同事N湊滿四人，從幾個月前開始殷殷期盼。

事先申請好入山證，等到星期五下班就直奔台北車站，搭八點多的火車前往花蓮。沒料到負責訂車票的R當天下午突然失聯，H也找不到她，打了幾十通電話，簡訊的口氣從著急變成擔心，肯定是有事發生，最後決定不再打擾，等她自己聯絡我。

隔天，在H的臉書看到他跟R躺在碧澄澄的池水裡，兩人遊山玩水不忘自拍，還在慕谷慕魚打卡，走著我們原定的行程，當下看到照片時，內心有核彈等級的爆炸，發訊息給H說：「所以你在說謊？」接著刪掉兩位好友，至今都不願再聯絡。事後，R透過朋友來說情，對方一接起電話口氣尷尬地說：「真是抱歉，我聽到也很無言，但還是希望朋友一場，沒什麼不能說開的事。」

朋友轉述R當天晚上心情不好，不想要太多人一起出門，怕影響到別人玩樂的情緒。但想說票都買好，飯店也訂了，還是去好了，很抱歉會把錢退還給我。

我說：「謝謝你的好心，會生氣表示還在意，這件事的過分程度已經超越任何情緒，我不想再多做討論。」

多年過去，當時沒辦法放下的早就放下，盡釋前嫌並非辦不到，但我的世界容不下自私的人。R不顧慮他人的感受，心裡不開心也不直說，遇到問題不提出來一起解決，就這樣默默決定。事後想要彌補的種種行為，在我看來都不具意義，她的人生路從那一刻起，早將我排除在外。

你不在乎我，我也不需要在乎你，任性是對友情的最大揮霍。再怎麼要好的朋友，也不能完全不顧對方感受，自顧自地只求自己開心，當我們不再是我們，這段關係就宣告正式過期。

＃友情保存期限

關於交友，其實沒有標準，臭味相投，也會因臭味而去。情分不等於忍讓的限度，因瞭解而分開的人其實不算少。

每隔一段時間，我總會重新檢視已經毀壞的人際關係，每當遇到更爛的人，再回頭看先前認定的損友，似乎沒那麼糟，若無其事地解開封鎖，發現兩人早已活成兩個世界，再怎麼好也好不回去了。

正因為怕了可惜，所以努力學著珍惜，特別是友情這回事，相遇並不是隨機，肯定是相互欣賞讓我們走到了一起。朋友跟閨密的距離是那份保護對方的心。任何關係都有限期，以前我總覺得處理人際問題時要以和為貴，不刻意引戰、待人和氣是基本道理，但盲目求和，反倒讓朋友二字變得平淡。跟對的人相處才需要「和」，能在一段關係裡感受到被對方重視，一起雙手護著才是所謂的「貴」，「以和為貴」這四個字，值得更刁鑽的解釋。

交情五年十年的跳，無法突顯價值的人很難留。

出席一場時尚活動，聽見遠遠有人喊我的名字，拿著對講機跟資料夾的F衝上前來擁抱，我開心到大叫：「妳怎麼跑來了，今天應該很忙才對。」

「知道你要來，再忙也要下來見你一面。」貴為品牌經理的F，理當要坐鎮辦公室指揮全場，現場有不少媒體跟藝人需要照顧，抱著巧遇的心態，期待能抓到對眼的時機，說聲好久不見。

當日子只剩忙碌，見客戶的頻率比見老朋友多，若有時間，我也會以家人優先，時常回味一起有過的快樂，想久了心裡難免感傷。眼睜睜看著好交情，在時光的洪流裡變成曾經，短短幾分鐘的寒暄恍如隔世，這才發現我跟F上一次聚會已過一年。明知生活在同一座島、同一個城市、同一條路，甚至住在同一棟樓，卻抽不出時間見上一面，這時代的人際關係好似海市蜃樓，看得到、聽得到，但摸也摸不到。

前幾天，在Instagram看到老友Y心情低落，趕緊私訊關心，雖然對方說沒事，但多少還是擔心。把發文截圖傳給共同朋友，對方老神在在地回：「他不是一直都這樣嗎？我早就取消追蹤了。」長期的無病呻吟任誰都受不了，沒人想跟老是投射負面能量的朋友往來，工作成就不如人要發文，沒有追求者也要發文，自己在家空虛寂寞冷更要發文。每一則看似勵志的自我喊話，都是包裝過的情緒勒索，喜歡和別人做比較卻又不知改變、付出努力，喪氣不是反省自己不夠好，而是眼紅。

多少人蜂擁前來只為送上溫情，最後卻紛紛心灰意冷離去，Y喜歡把自己的脆弱攤開，像嬰兒用哭聲引人注意，好讓自己不需要付出多餘力氣，就能誘捕到他人的關心，把想要的溫暖送進嘴裡，沒吸到奶嘴就再哭，哭到下一個人理他為止。反觀Y的回饋，從不主動關心別人，失戀、失業的人生低潮他不曾出現過，十多年過去還是老樣子，身邊的人不曉得換過幾輪，一群舊識早已疲乏，現階段的人生還有更重要的事，想理也沒時間理。

需要幫助的時候，無法作為選項，這類朋友在成人世界會被判定為沒有價值。三十歲最緊繃的事不是變老，而是很多事情沒辦法純粹看待，就像人際關係，留給別人的時間變得很少，遇到的人，做的決定，都希望存在著附加價值，單憑好感是沒辦法長久的。

不求靠朋友飛黃騰達，但希望最落魄的時候總有幾人不離不棄。

為省去不必要的情感拉扯，我喜歡獨處，但始終期待與對的人交流。朋友最大的存在價值是能帶來快樂，但他所帶來的快樂是建立在哪件事情上，是值得思考的。玩樂朋友不是壞，而是不再重要，現階段的我最在意成長，若有個人能相互討教、規劃未來，我說什麼也不會放掉。

年紀越大，就越能感受到人生的時間軸被拉寬的力道，很多人一認識就是十年、二十年，但交情要靠長期的良性互動，否則認識再久並不具任何意義。在一段關係裡沒做出自我價值的人用不著刻意切割，生活找不出任何交集，自然就會斷。

所剩無幾的交際時間，總會有個人像F，沒問過我想或不想，就獻上一個溫暖擁抱。見不著面的日子裡，她忙著帶團隊、忙著持家，只要我有需求，還沒來得及開口，總會第一時間給予協助，讓我知道她一直都在，煞是窩心。

此刻的我，早已不是追求活在當下的狷狂少年，時時刻刻都在思考著十年後、二十年後的我會過著什麼樣的生活，身邊有誰與我負重前行。**身為老朋友，有責任不成為拖油瓶，在自己的小宇宙裡用力闖蕩，把人生的格局做大、活出價值，臂膀練得厚實一點，有本事扛起人際圈的大小事，不作嬌花，作一棵樹，直挺挺地生長著。**

#所謂的老朋友

需要幫助時，第一時間能伸出手拉你一把的人；不論你想或不想，見面時總能獻上一個溫暖的擁抱。

關於人際

人際關係的癥結多半來自於落差感，他認為的、你認為的，跟我所認為的都不盡相同，到頭來是自己誤會一場。為掩飾心慌，於是盲目地要，害怕落單，而勉強相處，最後再因感到孤獨，黯然離去，陷入「究竟誰是真心朋友」的迴圈。

沒有一輩子的朋友，只有記得一輩子的人，勇敢站到制高點，用理性壓制感性，拉回人際主導權，畫出一條界線。往往一段關係的盡頭並非捨不得，而是留不住。

Chapter 2

勇敢離開，不要勉強幸福

不論是一個人還是兩個人，
心中有所歸屬才不孤獨

就算沒有老公小孩可聊，也別將就著幸福。

週末跟老同事聚餐，先後在同家公司各奔東西，早些年的聚會我們總愛發牢騷，急著交換近況還不夠，巴不得把生活的所有困難搬上檯面討論。一群人七嘴八舌，時常是怨念跟笑聲交雜的研討會，就連在錢櫃都會拿起麥克風，把音樂關掉，要大夥兒聽他說，到後來乾脆找個可以安靜吃飯的地方，桌菜想像成餐盒，煞有其事地逐一討論。雖然同事緣分已盡，但我們仍是彼此最好的軍師。

幾年之間，幾個常聚在一塊的老友搶搭人生的雲霄飛車，咻咻咻的急轉向前，無形中有一條年紀的死線在催促著，戀愛、成家、生子……節奏奇快無比，一下子跳到十個箭步的距離。單身或是求愛未果的人站在原地發愣，不知不覺地將氣氛撕裂成兩半。向來凡事隨遇則安，單身不單身倒沒把我逼急，只是酒酣耳熱之際，一名大齡女子開始難過的哭了起來。

「大家都去幸福了，只剩我一個人……。」

哭聲慘到一個高點，好死不死插播彭佳慧的〈大齡女子〉出現在電視螢幕，一邊頂著僵臉忙安撫，一邊輕輕拿起麥克風不爭氣地跟著哼：「女人啊！我們都曾經期待能嫁個好丈夫，愛得一塌糊塗，也不要一個人做主。」唱到這句，眼前的女子哭哭啼啼，眼眶一陣溫熱，而心更是酸上加酸。

朋友裡面，最想結婚的就是D，做事靈巧又有擔當，但她很抗拒被視為女強人，總覺得強勢等於自斷桃花，畢竟男生喜歡溫溫弱弱又聽話的女生。年近四十，卻有一張像大學生的娃娃臉，私底下的個性也是，四肢纖細、體

#別徬徨

給急著找對象的你，人生還好長、好長，最怕你們望著別人的路子亂了腳步，想要將就著幸福。

態不輸二十多歲的少女，幾個姐妹的婚姻看來都算美滿，每次家庭聚會總是成雙成對，被周遭幸福感染的Ｄ，更急著把自己嫁掉。交往必須以結婚為前提，只可惜運氣差了點，苦等不到合適的對象出現。

「是不是擇偶條件太嚴苛，還是自己不夠好？」我跟幾個萬年單身的好友都這樣問過自己。

過了追求轟轟烈烈的年紀，管他高標低標，現階段的單身狀態如果沒有不好，就不需隨波逐流，刻意改變。

經過幾次痛苦萬分的分離，聚了又散，原來幸福不是兩個人想要就可以。成年人的愛情得考慮到現實面，愛沒我們想得那麼簡單，相愛卻無法在一起的對象叫無緣，還不如不要發生。

人跟人之間的關係，不會只有一種形式存在，婚姻不是通往未來的唯一途徑。朋友之間很常互相催促再不找個人陪，老了會變獨居老人，其實，一個人老去我倒不怕，怕的是到老還不知道怎麼面對孤單。**不管是一個人、兩個人或是一家人，找到生活重心，心裡有所依歸比什麼都重要，伴早晚會離開，在婚姻裡的人未必不孤獨。**

母親半退休後的生活乏味到令我擔心，一生奉獻給這個家，三句不離老公跟小孩，少了工作支撐，連背影都特別的沉。每每一碰到情同姐妹的舊同事，神情馬上變回當年的女孩，既活潑又善感，電話裡不時傳出一些俏皮話，聽起來像互虧。

望著母親，我總會想像著，當初要是沒有選擇走入家庭，此時的她，人生會是什麼光景。是一名幹練的商場強人，還是日子過得優雅輕鬆的時髦女性？坐在客廳裡推著老花眼鏡滑手機的她，曾感到後悔嗎？為了成全圓滿的家庭，她已改變太多。

不常聊愛情，是不想讓日子煽情成性，鼓吹大家非得愛或不愛，即便是同樣的狀況發生在不同人身上，但結局一定不同。愛情故事再多、再動聽，作用都是安撫。幸福之於人生這回事，沒有世俗所定義的那麼狹隘，並非得要成家才能辦得到。像我就是這麼想，**挑錯了人一起生活，才是不幸福的源頭，請神容易送神難，在複雜的婚姻關係裡更是。**

不相信婚姻，但一定要相信愛情。

那天，客廳只剩我與母親，她突然切到心事頻率，低聲說：「沒結婚沒生小孩沒關係，找個伴陪你，照料彼此生活。」經歷過有意無意問起交往對象，從殷殷期盼到假裝不失望，也曾歇斯底里的質疑性向，態度激烈到心平氣和，我總是給一記軟釘子，丟下一句：「一個人自在慣了。」**愛情是自己的事，不想讓局外人參與。歲月沒有讓人變得隨和，反倒對於喜歡的生活狀態越來越執著。**

從幾段不成形的感情裡拼湊出理想對象，也對細水長流的穩定關係有過期待，可惜運氣總是差一點，老是踩著別人的影子找不到路，直到我累了、決定不追了，才將成家選項從人生清單中移除。恐婚症患者對於傳統婚姻的神聖地位充滿壓力，怕自己不夠好、不夠強大，撐不住名為家庭的幸福生活，被圈養在半開放式的牢籠，失去自由。

婚姻是一種形式，愛情是一種感覺，兩者不需要劃上等號。如同兩人結合不一定要結婚。

聽多已婚朋友的種種苦難，不信一段感情可以靠著婚姻拉緊，反倒看多了被勒到喘不過氣的人，最後剪斷束縛，兩敗俱傷。所以每一回參加喜宴，看著新人的成長影片，坐在席間鼓掌拭淚的我，叫好的不僅是一段愛情終究修成正果，更想為台上兩人的勇氣喝采，願意一生好壞與共。手裡握著一張遊樂園入場券，但有人甘心單挑旋轉木馬一整天，讓我打從心底佩服。

夜裡，久沒聯絡的L突然打來肯定有急事，接起電話聽出她有些醉意，還來不及開口就直接說：「威廉，我好痛苦。」原來這兩年避不見面，是因為長期承受丈夫財務危機的壓力，不知道該怎麼面對曾經祝福她的人。娓娓道來才知道這樁豪門婚姻，背後是充滿套路的仙人跳，差點被枕邊人設計而借下高額貸款，心碎的不是為家背債，而是發現這段關係根本沒有愛。

在愛情的三態變化裡，並非男人就是單純，女人總是複雜，恰好反過來，關係的開始與結束，男人態度會有明顯不同。而女人就顯得單一許多，面對過去式、現在式跟未來式的愛情，從頭到尾都想著被在乎，殷殷期盼自己的情緒能有所呼應，多跟少而已，就算不愛了也狠不下心。

「妳恨他嗎？」

「恨也沒用，我只希望他放我走，可以好聚好散。」

「嗯嗯。」

「對了，威廉我跟你說一個祕密喔。」

以為這通電話是單純訴苦，L露出難得的嬌羞口氣，扭扭捏捏地說出自己最近有人追，對方願意等她。因為有這點火花，她才能勇敢攤牌，決心斷掉一切，不再心軟而選擇消極逃避。男女之分，可以延伸到感情裡的強方、弱方，單純要愛的傻人，這一回終得傻福。我提醒L先處理好離婚的事，別讓未成形的戀情成為談判的把柄，到頭來兩頭空。

「知道了啦，謝謝威廉，最愛你了。」L突如其來的撒嬌帶著一股勁，最後三分鐘的浪漫蓋過她這幾年的不幸。掛上電話後，我在床上翻來覆去，想不起來自己最後一次像L笑得甜滋滋是什麼時候。刻意把感情生活漂成空白的這些年，似乎是我把愛看得太過絕對，認定兩個人相知相識，若有運氣相愛，最後非得賴在同個屋簷下廝守到老，是害怕離散，才用鐵石心腸掩飾懦弱。

認真活過才曉得愛多難得，成年人的感情得來不易，我以為不過是粗淺的你情我願，所以感受不到它的力量。幾個已婚婦女聽聞L的故事，七嘴八舌自爆婚後生活有多麼悲慘，心有戚戚焉地說：「早知道就不要結婚，可以一直談戀愛該有多好。」

我雖是感情的悲觀主義者，篤定每段關係都有期限，聽過對婚姻恐懼，但沒聽過有人怕了愛情。**愛情可以修復陷入危機的婚姻，婚姻卻救不了失去溫度的愛情**，從苦難裡煉出的真感情，足以補完生活的所有殘缺，包括失敗的婚姻跟破碎的心靈。可以不相信世間有絕對幸福的婚姻，但要相信有到老都不願放手的愛情。

#愛情的韌性

婚姻需要空間、需要經營，但在愛情裡連分開一秒鐘都不行，不計較後果的感覺，純粹又強韌。

被同一個人傷兩次心，無藥可救。

「我跟她分手了，暫時會關掉社群跟通訊軟體，謝謝關心。」

被我笑馬子狗的L，突然發了這則動態讓人有些措手不及。不久前才人間蒸發，想都不用想就知道是「戀愛中請勿打擾」，偶爾發訊息問候通常是兩、三天後才回，有時會看到跟新女友的放閃照，原本打算出國唸書的他，突然有了結婚打算，口氣難掩甜蜜，直說自己找到對的人，想要兩個人一起生活一輩子。

交往短短幾個月，已經打算廝守一生了，聽到L說：「一輩子。」我都傻了，顯然中了情花毒無藥可醫。只能柔性勸說：「結婚的事，等交往久一點再看看吧！」

他覺得我在潑冷水，斬釘截鐵地回：「我們太合了，很難找到像她那麼懂我的人。」

這時再怎麼滾燙的好心腸都得按耐，千萬不能硬碰硬，最好是用志玲姐姐的口氣說：「替你開心，要加油喔。」然後把線剪斷，放他隨風去。

熱戀的幻覺帶他遠走高飛，無奈被一陣暴雨打趴在地，可以聽出L的失落與惆悵。出自對朋友的關心，明知不會有回應，我還是私信給他：「還好嗎？需要聊聊的時候我都在。」這條訊息被讀取之後又是幾個月過去，這一回L刪光Instagram的照片，不難看出想重新開始，終於等到他說：「又分手了。」

旁觀者清，面對別人的感情事我向來一針見血，三兩句就能直接破題，

#事不過三

犯傻犯完，想想後半生的你，得守著一個總是讓你難過的人，旁人無法插手也不願插手，想到這裡應該會清醒一點。

聽到「又」分手了，我秒回：「**不要再有第三次，這段感情你努力過了。**」哽在喉嚨裡的真心話，終於吐出來，心裡舒坦許多。能勸的程度只有這樣，講完後準備淡出對話框，卻意外開啟L的開關，交代起分合兩次的心路歷程。對方加他臉書主動攀談，從好感變成迷戀，剛結束一段感情的L找到寄託，兩人很快地約會、交往、上床、熱戀、同居，感情基礎不甚穩固的狀態就想談論未來，很快就迎來爭執、背叛、分手、原諒，最後再狠下心來提分手，不過一年之間。

言談裡止不住的怒氣，L說自己不再對前女友心軟，不可能有機會復合。抓到好幾次偷吃，每一次都是死去活來的請求原諒，甚至搬出自己曾受過傷，身心狀況有問題才會一再的出軌。用同情心搏來的關係不會長久，對於有感情潔癖的L無疑是一種折磨，再也忍受不了對方嘴巴說：「我還是很愛你。」但身體卻四處找一夜情的矛盾行為，決定主動結束這段感情。

因為傷害而分開，短時間內決定復合的人，肯定只是捨不得。

雖說際遇會隨著遇見了誰，而有所不同，但成年人的劣根性要改，絕非一朝一夕。可以靠著愛來感化，但感化的程度需要時間催化，熱戀期間根本談不上改變，就頂多是包容，對一個非親非故的人，包容是有限度的。

第二次分手所產生的心靈耗損，讓L有點承受不住，好幾次在夜裡反覆夢到背叛而突然驚醒，原本自信聰明又溫和，卻留下創傷症候群，反過來質疑自己對於感情的判斷力跟價值觀，是否不被人所接受，才會分了手還如此糾結。爾後，一提到前女友，只有不屑跟憤怒，罵完之後又趕緊補一句說：

「抱歉，我剛剛太失控了。」

要把另一個朝夕相處的人，從生活裡切開確實很痛、很痛，但更痛的是被劃下的傷口還沒好，同一個人緊接著又往裡頭捅刀，再怎麼堅強也承受不住。**無傷大雅的生活習慣跟疏忽可以體諒，關乎道德標準的脫序行為請別相信對方會改。為了留住你，他頂多收斂或換個方式讓人無法察覺，再犯的機率高達百分之九十九點九。**

吃回頭草未嘗不可，身邊仍然有許多繞過地球一圈，發現舊愛還是最美，終究修成正果的例子。**成長是很微妙的事，給彼此一點空間跟時間改變，眼前低頭認錯的人，若還是當時那個傷害你的人，那麼，腦海裡的浪漫電影，就不該找他合演。**

保持愛情需要智慧，太濃烈的愛反而傷身

嫁得不錯的K，婚後一直被捧在手掌心，每個月家用額度不輸一名高階主管的薪水，以世俗觀點來看是不折不扣的貴婦，人人稱羨。出門有司機接送，住在偌大的豪宅裡，不需要做太多家事，跟姐妹淘聚會午茶、護膚做臉是固定消遣，結婚多年育有兩子的她風姿綽約，把自己打理得閃閃發亮，絲毫沒有被家庭生活摧殘的痕跡。

再平靜不過的日子，卻無意間被不速之客掀起浪濤。對方有意無意地搭聊，發現K是人妻還更想踩線，互動越是頻繁，就越是想往情慾裡探。起

初，拉起一道名為「婦道」的封鎖線，幸虧有家門的屏障還算能把持住。男子見久攻不下，便使出圍城之計，開始把她當成女友般呵護，從文字訊息進展到視訊聊天，還差點被老公發現。

從情人變成伴侶，磨損掉愛情的熱度，K努力扮演好妻子角色，卻在多年婚姻裡慢慢腐朽成枯木。從年輕到成熟，所經歷的男女關係雖不至於驚世駭俗，但也夠她懂世事、知分寸。一開始，打算當成負面情緒出口，抱怨著索然無味的婚後生活，沒料到就此被摸透，看準她耐不住寂寞，過沒多久，兩人就從精神出軌進展到肉體關係。

一把熱情被撩出火苗，人生最大的煩惱原本是「今天要買什麼？」，變成「該怎麼藏住這段不倫戀」。偷情這件事，一回生二回熟，道德底線一旦衝破，就很難抽離。K把心思都花在婚外情，時常魂不守舍，逮住難得的相處時間，兩人玩得放肆，男子很常說要K不准離開，否則他會活不下去。一定是太愛了才會捨不得放，久旱逢甘霖的K沒想太多，反倒覺得浪漫。

習慣語帶威脅的對象，多半是恐怖情人。熱戀時，總會誤判成是重口味的情話。

新鮮感一過，K開始厭倦理智跟情慾的強烈拉扯，每次回到家看著無條件疼愛她的老公跟乖巧的孩子，罪惡感油然而生，承受不了良心譴責，決定主動提分手。沒料到對方開始死纏爛打，揚言要讓整件事見光死，不斷地軟性威脅，眼看一場野火無法收拾，俏人妻幻想的言情小說情節變成不折不扣的《玫瑰瞳鈴眼》。

但K也不是省油的燈，對方的家庭狀況跟公司地址都掌握在手，態度是敵不動我不動，既然來硬的不成，只好來軟的，慢慢放淡這段關係。過沒多久，發現自己的私密照出現在成人社團，K才驚覺不妙，向我求助如何全身而退。我請她姿態放低跟對方溝通，並且同時到警局備案，最重要的是保住名節，但要做好離婚的最壞打算。

「為了這個人，妳得放棄眼前一切重新來過，值得嗎？」我認真問K。

一聽到「離婚」二字才如夢初醒，K開始細數這段婚姻的好，坦白說，她沒想要走到這一步，老公現在的狀態雖然激不起愛火，但也足夠溫暖心房。撇開經濟狀況，光論人品就贏過三條街，從沒說過一句難聽話，婚前婚後都把K照顧得好好的，不論是物質或心理條件，都讓人再安心不過。說到底，K其實沒有不愛他，也明白是能真真切切走一輩子的人。

張愛玲曾說：「**獲得愛情你可以隨便用什麼方法，但保持愛情卻需要智慧。**」沒那麼愛，是長久關係一定會面臨到的問題，亦是浪漫主義者最過不了的一關。**停止挑惕，別苛求對方數十年如一日地維持相同狀態，長時間的**

相處是讓兩個人能夠像齒輪密合，接納沒那麼完美的他，而他也能夠包容不如當初美麗的妳，相互妥協，彼此在關係裡都能安好才能走遠。

冷靜下來之後，K承認自己一時犯蠢，新對象並沒有好到可以放棄一切，貪戀短暫的情慾交纏，拋棄長長久久的安穩生活多不值得。

日本綜藝《料理東西軍》的節目尾聲，主持人總會大喊一聲：「どっち！」，十個有八個來賓都會選平常不容易嚐到的珍稀食材，這是人之常情。攝影機關掉之後，肯定有嚐完鮮的來賓會走到不被選擇的那道菜前面，嚷嚷著早知道就選它。**既然有本事把兩道菜都嚐過，更知道如何取捨，若是年紀有了，我會勸你選「該吃的」，而不是「愛吃的」。**

#熱烈與穩定

被推到十字路口的人，先別慌張。如果還有愛，就試著理性分析，仔細想想現階段的生活狀態，比較適合哪一種伴侶。

真正愛你的人，才捨不得你受傷。

我不認為對多數女人來說，麵包跟愛情會很難選，女人最難捉摸的是外在跟內在需求，往往容易背道而馳，粉飾內心的真實聲音，為顧全局面而口是心非。而男人的裡裡外外則都很有共識，要就是要，不要就是不要。

談起理想對象，自嘲心死的友人們總會嚷嚷著說：「當小三我可以，大不了找個老男人包養我，最好原配管很嚴，根本沒時間陪我。人沒到沒關係，但記得匯錢就好。」於是經濟狀況好的瀕死老頭，取代可遇不可求的天菜，成為單身女性的首選。

我忍不住吐槽：「老男人既然要花錢包養，肯定想找未經世事的嫩妹，哪輪得到心思縝密、算計精準的熟女？」

見眾人啞口無言，我再補一句：「年紀不是問題，但也要喜歡才睡得下去吧。」

說到底，還是必須有愛，不是真心要錢，物質條件可以努力掙來，不依靠別人，但愛情可沒辦法自食其力，若要找相守一生的對象，可沒辦法完全背棄理想。女人多半是感覺派，只要還存著一分喜歡，稍微哄一句：「還是愛你」，再荒唐的對待都可以忍耐，就像是沾惹一名有婦之夫。

空窗兩年的B，在交友軟體認識一名已婚男子，最初只是想搪塞寂寞，沒料到越聊越投緣，搶在肉體關係之前，卻意外發生愛情。為了留住對方，她甘願犧牲到底，明知得不到也不願意為難，將情操昇華到愛屋及烏，就連原配坐月子期間，都自告奮勇到家裡整理嬰兒房，幫忙洗一家人的衣服、餵狗，想做最稱職的後援。

#必輸的遊戲

單方面的給予總有盡頭，拼命燃燒自己照亮別人，等到油盡燈枯再退出，悲劇收尾任誰都不願看到。

B跟我說：「做不了最好的老婆，我要當最好的小三。」

陷入泥沼將近三年，她早有覺悟，明知自己不是第一順位，格外珍惜為數不多的約會。記得對方所有喜好，內褲、襪子、保健食品等，都由她定時添購，深怕少給了什麼。嘴巴故作灑脫，但時常會羨慕正宮是他生活裡真正的伴，甚至帶著崇拜口吻說：「他條件很好，能成為他付出感情的對象，我已經很知足了。」

用玩笑口氣責備B是必娶[註1]，提醒這場註定輸掉的遊戲必須趕快抽身，她越是浪漫，越讓人覺得毛骨悚然。最後忍不住直說：「妳太天真了，我得要罵醒妳，不忠的男人就算選妳，一定還會去偷吃別人。」無法斷言這名已婚男子（渣男）究竟愛不愛B，但可以斬釘截鐵地說他其實沒那麼愛她，否則不會忍心看她受苦，內心如此煎熬。

我對小三的同情成分居多，最該譴責的是允許三角關係成立的中間人。

另一位過來人聽到這件事，請我傳話給B：「別傻了，再怎麼努力都是別人的老公，表現得多愛妳，終究還是孩子的爸。稱職的小三是該花的時候讓他花，該玩的還是去玩。同時也要幫自己找未來的伴，甘願做牛做馬也不離開你，肯為妳犧牲一切的人才是真愛。」

真正愛你的人，非你不可，若可以接受其他人存在，說穿了只是「喜歡」。

一段完整的愛情是兩個人傾注真心，相互對流，小心翼翼捧著你對他的好，深怕做得不夠，憨直地用更多的在乎作為回饋，哪怕要交出全部，沒了自己。

身為資深披頭四（The Beatles）迷，多少會聽信他們四個人拆夥是小野洋子（Yoko Ono）間接造成之說。搖滾巨星約翰・藍儂（John Lennon）戀上東方女子的故事，對歌迷來說是聊齋夜話，若撇除這層喜愛，單純看兩人的愛情，我其實不只一次被深深打動，他是多麼崇拜她，甘心放棄一切回歸家庭。兩人的蜜月是一場歌頌愛與和平的行為藝術，藍儂在床上靠著洋子，驕傲地說：「這是我生命中最重要的女人，我無時無刻都要和在她一起。」護著她、賴著她，為她擋下全世界的惡意，有誰敢說他不是真的愛。

知道嗎？女人其實從沒考慮麵包，到老都渴望著愛情，說有多灑脫都是場面話而已。B跟我說，她還是想要有個人全心全意的疼愛，看破渣男不可能愛她一輩子，答應我慢慢退回到偶爾陪伴的位置。一下子抽離太難，**感情要穩固必須對等，既然對方沒那麼在乎你，就慢慢弱化他的重要性，痛覺會逐漸清晰**。要知道愛你的人才捨不得你受傷，一點點都不行。

下一段感情，我多希望她能遇到另一個自己，好證明付出真心的人值得被善待。

註1：台灣連續劇《必娶女人》，取自英文「Bitch」的諧音，比喻為愛不擇手段的女人。

網戀就像網購，拿到實體後總會有落差。

常笑自己有回憶症，老家房間有很多扔不掉的寶貝，舊家門牌、紅色胸花、高中書包、紀念冊一箱一箱，卡片、信件、明信片、紙條一落一落，像深埋在壁櫃裡的時空膠囊。偶爾夜深人靜時，我喜歡聽著千禧年代的芭樂情歌，坐在地上拆箱，好像陪著自己再經歷一次過去，當時的我，現在的我，看著這些別人曾為我寫的字，能否有同樣心情。

「你好嗎？波蘭的郵筒很難找，我朋友一直問我急著寫信給誰。:P」

最後一段跟活人的戀情，是網戀也是異地戀。起初在社群平台上互相追蹤，有意無意的搭聊，偶爾開開玩笑，發現兩個人的笑點相連，聊天次數越來越頻繁，連討厭講電話的我，都能天南地北的扯上幾個小時，這個人好像有點不一樣。當時我沉迷星座，喜歡研究朋友的星盤，有天心血來潮想幫忙看，報完生日跟出生時間，E突然說：「不如看看我跟你吧，合不合，有沒有機會。」

這段關係突然有了微妙變化，原本是聊得來的網友，但心確實被撩走了。沒多久後，E決定跟幾個朋友去歐洲當背包客，每到一個城市不忘寫明信片給我，陸陸續續收到，一共六張，內容多是問候，卻又藏著淺淺曖昧。

不知道哪來的勇氣，前一晚刷了機票，星期五下班就直奔機場。這是我們第一次見面，我很幸運沒遇到照騙[註1]，本人感覺挺好，短短三天的相處比視訊還要融洽，人在異地被照顧得無微不至，特別感到窩心，巴不得天天膩在一起，這應該就是愛的感覺吧。

#一鍵交集的陌生人

網路互動再密切，哪怕認識時間是三五年，並不代表有著特殊情感，網路上的他跟現實生活中的他，請當成兩個人看待。

倫敦跟台北的時差，讓我們的作息時常錯頻，加上空服員的生理時鐘更加複雜，突然很想找個人說說話的時候，只能留訊息等待回覆。忙了一整天累個半死想要早點休息，卻得撐著眼皮、耐著性子，聽E抱怨工作上遇到的爛事。摩擦開始出現，最嚴重的一次是大雨滂礴的下班時間，他非得要我當下解釋清楚，我淋著雨把機車停在騎樓，吵到住戶都出來看。

理性溝通過後，發現彼此相處時間太少，雖然認識很久，但其實不熟，於是他決定排一星期的休假來台北，這是我第二次見到本人。**隔著手機螢幕才有的好感慢慢變質，相處越是密集，越能感受到個性跟價值觀上的差異，我的態度開始冷淡。**某晚，E找我談判，講到激動之處還想要摔東西，被我喝止，過沒多久便收拾行李離開。

偶像劇開頭，肥皂劇結尾，整整一年的網戀故事戛然而止，我們再也沒有聯絡。

異地戀的成分很少，畢竟我們不是先認識之後才分隔兩地，**聊得再多，遠不及幾天的密集相處，濾鏡早晚要破。**越過界限之後，沒辦法退回到戴著面具聊天的模式，光憑文字跟幾張照片就可以輕易地扮成別人喜歡的樣子，虛擬世界起頭的戀愛往往不太真實。

如果有勇氣約出來見面，就要用認識新朋友的心態繼續，拉回現實，「感覺」這回事就是一翻兩瞪眼。

前陣子網路上發起一個遊戲，把自己在不同社群媒體上的大頭照拼成四格。Facebook的照片笑得燦爛，最好是一張跟家人、跟寵物的旅行合照，越有愛越好；Linkedin得表現出專業，照片通常正經八百；Instagram著重生活態度，是精神層面的自己；放在Tinder的照片布料最少，最好是能夠少到引人遐想。網戀總輕易地就能發生，究竟我們喜歡的是塑造出來的形象，還是活生生的人？

時不時想起E說的那句：「我不懂，有問題為什麼不能說出來一起解決。」**如果彼此對未來有共識，能誠實面對兩個人的缺陷，努力包容、修正，確實是長久之計**。但我躊躇許久，還是克服不了落差感，我喜歡上的是《Her》（雲端情人），而不是真正的他。

從前經常在網路上觀望各種漂亮的衣服，沒有試穿就決定買下，回家後才發現沒有能配它的褲子，找不到適當場合可穿，最後連同紙袋原封不動的躺在角落，任憑陳舊。這幾年逼自己戒掉衝動型消費，不願自私占有，決定讓給懂看也懂穿、比我更適合的人，是我的溫柔。

註1：網路用語，用來解釋成用假照片聊天的欺騙手段。

愛不到的人，就讓更好的人來照顧他。

到現在，我還在做著回柏林的夢。

初訪柏林的那年，我挑在最冷的一月天，日照時間很短，僅僅依靠著幾個小時的陽光，如預期地愛上這座城市。去博物館島的那天，我嘗試在柏林搭公車，需要步行的距離太長，為了找一張好看的明信片，不知不覺就跟地鐵站走散了。一個人旅行不趕時間，索性買一杯熱咖啡坐在河堤欣賞日落，等待天黑，想起N曾在這裡寄過一張明信片給我，上面寫著：「柏林真的很棒，有機會一定要來走走。」字跡匆忙，但是真心。

可惜收到信的那天，我跟他早就走散，但我一直記著約定，幾年後隻身來到這座城市，尋找當時被他洗掉的微小塵埃。

某一年，為了說聲生日快樂，連打好幾通電話給N，總是無人接聽，訊息已讀不回，我難掩失落，睡都睡不好。哽在喉嚨裡的苦，應該是那幾年存在過若有似無的曖昧，讓我一廂情願地覺得彼此關係很特別。

之後，音訊全無整整一年，搬去上海的前一晚，我發了一封訊息說再見，沒多久收到回覆。另一頭的N心急如焚，說無論如何都想在上飛機前見一面，打算連夜搭車北上。不敢問當時為何不回，只是故作釋然的說：「很晚了，有這份心我已經很感動，你要保重。」

決定搬回台北，N是頭一個知道的人，心想還有好多事情沒做完，上海以後有機會再去吧。他問我有什麼事想做？我說：「找新工作，找個人好好一起生活。」這輩子花好多時間工作，卻沒有好好談一次戀愛。不到〇・一秒的停頓，就知道這一局我又賭輸了，如果有愛，就不會是這種反應。

戀愛的柔焦，讓人失了準頭，放大所有細微的好，卻沒想過，或許這就是原本的他。

整整七年，這場大霧一直沒有散去，我深陷其中完全沒方向感，更別說要走出來。直到那晚兩人趁著酒意，把這些年的感覺全說出來，N這才恍然大悟，原來我有那麼在乎。記得所有小事，對不那麼投入的一方來說，都是壓力，那幾次消失的答案呼之欲出。

把爛醉如泥的N抬上床後，將手機放在他習慣的枕頭邊，突然跳出一封關心訊息，證明我是候補順位，一直以來都是。確認N已經熟睡，我刻意放輕腳步離開，不到十五分鐘的車程好像一個世紀那麼久，體內有巨大的悲痛就快要衝出來。到家後，我決定把這段關係解除，能看得到我、找得到我的管道全都斷掉，封存這段記憶，終於不用賴著忽冷忽熱的感覺過活，突然輕鬆很多。

最後，我們潦草說了再見，那是唯一算數的分開。

過沒多久，聽說N有了新戀情，恰好是我認識的人，看著他們兩人坐在客廳裡燦笑合照，幸福到不可思議。原來他的理想生活，不會有我。關掉視窗，把所有關於N的事情仔細想過一次，包括第一次見面時的表情跟對白，想到N不敢正眼看我的表情，言不及義的瞎聊試著化解緊張，想起來還是覺得好真誠、好可愛。

當時的我，一廂情願看不透，沒那麼喜歡的關係究竟有多傷，單戀一個只想當你是好朋友的人，只會讓一段關係越相處越痛苦。**不對等的愛其實可以更坦蕩，大方承認欣賞也無妨，讓他陪在最想要的人身旁，才是真正的快樂。**

試著往後退一步，騰出空間給彼此喘息，感情裡單方面的努力其實是壓力，不如成全。就算幸福沒有你的份，若能因為你的放手，讓他更有力氣抓緊想要的人，無非是成人之美。強求到最後一定是兩敗俱傷，另一個人能給的，或許我真的給不了。

我滑著一張張照片像看一部愛情小品，不用承擔曲終人散的落寞，也是一種幸福。往後，再聽到N的名字，不再覺得錯過有多可惜，也不執著於這段關係是得，還是失。來不及說出口的喜歡，傳遞不到的真實心意，吞不進去的苦澀回憶，突然化開。

#沒那麼喜歡

感情裡單方面的努力其實是壓力，不如就大方成全。不被選擇就代表在對方眼裡，你不是理想對象。

辛苦累積的理想生活，別讓不對的人收割。

或許是年紀到了，三十好幾的尷尬歲數得開始做抉擇。究竟是要追求怦然心動的感覺，繼續以貌取人，還是讓擇偶條件務實一點，考慮到現實面的生計問題，能一起揹房貸、養小孩，有本事撐著生活才叫做理想伴侶。

畢竟造化弄人，平時好事做得不夠多、好話也沒多說，能找到有經濟基礎、有顏值又有一顆善心的對象，這種等級的好事哪輪得到我們。很多時候只能硬挑一個比較不爛，還算聽話的對象湊合著用；個性傲嬌一點的人就索性選擇單身，像我。

單身的人愛找單身的人湊在一起，物以類聚有原因，畢竟沒有人約也沒有家庭負累，時常一通電話隨傳隨到，要聚到多晚都可以。我們這幫人談起工作，個個是職場強者，呼風喚雨不至於，但若要個人情想圖個方便，一定沒人敢不買單。

但每每聊到感情問題，總會突然軟弱，自嘲是人肉市場的即期品，快過期還等不到買家。藉酒壯膽的D嚷嚷著：「過幾年要是還沒脫單，我大不了包養一個小狼狗，只要聽話就好。」

我冷冷地回：「你把錢留著養自己、養爸媽比較實在吧，要不先存看護基金，總強過找個沒錢就沒愛的對象。」

D接著說：「當然不會找個完全沒愛的人。」

我再吐槽一句：「真正愛你的人，根本不會想要拿你一毛錢好嗎？還會罵你亂花錢，別病急亂投醫，當心遇到撈妹。」

撈妹是我們私底下常提起的特殊角色，用來稱呼年輕貌美的吸血蟲，空

#對的人

契合的靈魂可遇不可求，與其害怕孤獨終老，更要擔心與不對的人湊合著生活。

有好看的軀殼但不想努力。透過談感情不勞而獲，吃對方的、用對方的，就連無形的人脈資源都會一併撈走。

多年前認識A，還是個單純的高中生，再聽到他的名字時，已經是網紅等級的同志天菜，社群平台時不時曬出一身肌肉，穿著小一號的泳褲在游泳池畔看書。僅有幾面之緣，朋友聊起他的時候瞪大了眼睛：「你知道A現在跟誰在交往嗎？」連忙拿起手機，連到他的臉書，最新一則動態是在漂亮的浴室裡泡澡，我也瞪大了眼睛，指著照片問：「哇！他發達了，才不到三十歲就買房。」

不枉費這些年投資自己的外表，終於找到好對象。聽起來像一則勵志故事，因緣際會認識演藝圈的大哥，兩個人打得火熱，過沒多久就搬進大哥的豪宅，主人出國A留守在家，發幾張貴婦生活照也是合情合理。可惜好景不常，過沒多久就聽到分手消息，共同朋友咬牙切齒地說：「大哥受不了了，請他離開。」

細節沒有多問，但聽說供吃供住之外，還動用關係讓A到朋友公司上班，相差二十歲的戀情，最後因為價值觀差異而分手，扣掉吃喝玩樂的時間，兩人獨處的時候根本沒話聊。看來大哥想找的伴，不光是同甘，更希望共苦。

一段感情要完整肯定得互補，生活條件好的一方肯為愛付出，若另一方是個填不滿的坑，難談長久。

把故事分享給身邊幾個事業有成的鮮肉收割機，他們告訴我，好看的皮囊雖吸引人，過盡千帆終究渴望共鳴。出手大方是長輩該有的氣度，人到一定年紀，看重的絕不是物質，更何況是找一起生活的伴，付出會有停損點。

雖不至於把生活的種種辛苦，賴給對方承擔，然而，人心容易收買，契合的靈魂則可遇不可求。與其害怕孤獨終老，但我更害怕跟不對的人湊合著生活，雖然還沒有能力買車、買房，但興致一來，能出國散心說走就走，週末能吃上一頓好的，點菜不用看價錢，能讓自己安然無慮的呼吸著，倒也舒服。

吃過苦，也嚐過分離，好不容易捱過害怕寂寞的年紀，錢能買得到的快樂反而不想要。談起對的人，不會只想要陪伴，更在意心靈的互動。搭著肩一起哼蘇打綠的〈小情歌〉，偷瞄對方的陶醉模樣，跨年夜哪也不去，窩在家裡看《愛是您，愛是我》（Love Actually），就算看過無數次，演到舉牌告白的那一幕還是感動，兩個人靠在一起哭，能交流靈魂、往骨子裡愛才是所謂「對的人」。

一開始偏離的關係難拉回，玩不起請別說各取所需。

如果把跟讀者的私信對話做成文字雲，能有辦法跟「哈哈哈哈笑死」（我的口頭禪）抗衡的詞，一定是「暈船」[註1]。只要開啟深夜問答，總會有不少人談起不幸暈船的慘事，對方忽冷忽熱的態度，讓他痛苦萬分。

並非未經世事的少男少女就比較容易暈船，身邊多得是戰神等級的剛男烈女，一碰交友軟體何止暈船，沉船都有，即便道行再高也會被迷人的小妖精給收服。特別是太久沒有談戀愛的人，一碰到有人示好，接著發生關係，只要對方是菜[註2]，藏得再深的真心都會失守，六神無主才來向我求助。

就在某次聊「瘋馬子」[註3]話題時，讀者B向我告解：「首先，我必須承認自己很可怕，但已從惡夢中醒來了。」原來去年，她跟某個網紅發生一夜情，兩人透過網路認識，以為對方想認真交往，沒料到事後冷淡，從熱絡轉為有一搭沒一搭的聊，試過姿態放低，想做個善解人意的約會對象，幫他設想很多理由，直到被已讀不回，感到挫敗、沮喪，這才驚覺暈船。

一開始就沒打算認真的關係，碰到菜卻一時失守，誤以為短暫熱絡就是天長地久。通常想玩肉體遊戲的人都是受傷的靈魂，想找個合意順眼的對象發生一夜情，享受性愛，但不是只有解決生理需求，單純要性。說可以性愛分離只是故作瀟脫，到頭來都是自討苦吃。

無法掙脫愛恨的拉扯，不甘心的B，開了一個沒放頭像的小帳[註4]，嘗試用新身分接近對方。這一回雙方聊得很來，很快進入曖昧程序，半夜聊電話、分享心事，甚至互傳私密照，但B始終沒讓那名男子知道長相。三個月後，兩人約在書店，像是愛情電影的浪漫鋪陳，B要男子猜哪個路人是她，結果他不只早就猜對並且偷拍，當場還把照片傳給B，讓B驚慌失措到想奪門而出。

整家書店安靜無聲，誰知道那麼巧，一轉頭卻看見對方的燦笑，眼神趕緊飄離，一齣復仇大戲當場瓦解。B說：「那時，我的心還是被偷走了。」當下沒有承認，卻在一小時後讓他來到住處，刻意關上燈，不願被看清楚長相，對方想要更近一步，B找理由拒絕，將這些時日以來的想念化成一次深深擁抱，一陣廝磨過後，確定無法得逞便沉沉睡去。

一早醒來，男子準備離去，看了她一眼淡淡說道：「我要走了。」連句再見也沒有。

B把故事講完，接著問：「他真的不記得我了嗎？」還來不及回應，又自己補了一句：「雖然已不再重要。」我們的對話框裡，可以感受到她努力用理性口氣報平安，但一直到結束對話的當下，我都不認為她真的沒事。

#過濾真心

談戀愛請謹守基本原則，約會超過三次才能再進一步，確認清楚彼此在關係上的供需意願，才不會掉入惡性循環。

沒幾個人能貫徹「各取所需」，被寂寞慾望折磨的人，一顆心千瘡百孔，落入無力防備的惡性循環。

多數女人，沒辦法跟毫無感覺的對象有進一步的肢體接觸；但男人不是。一個靠著感覺走，另一方慾望導向，感性對上理性，永遠都是輸家。單身者玩交友軟體的動機，無非是想找對象，玩不起的人請緊守原則，約會超過三次才能進展到滾床單，這三道牆不僅可以過濾掉不真心的人，更可以再三確認彼此在關係上的供需意願，很多時候對方想要的，永遠都不是你想給的那部分，而你想要的，對方卻給不起。

玩不起也好，玩得起也罷，把感情當成遊戲在玩，就是在內耗自己對愛

的知覺。感到麻木不是你變勇敢了，而是心死，會有另一種更強烈、更深刻的感覺來傷害你，這種感覺就叫「錯過」，反而更痛。網路絕對有真愛，要是一開始就偏離軌道，這段關係就算再努力也會有瑕疵。因慾望而起，因慾望消失而結束，不如回到起點，若期待一場能深刻交流的戀愛，各取所需就不是你該選擇的方式。

註1：「暈船」是網路用語，解釋為一夜情卻不小心放了真感情，那種無法抽離的痛苦。

註2：「菜」通常形容合乎自己擇偶標準的對象。

註3：「瘋馬子」指為愛不惜一切，做出瘋狂舉動的女朋友。

註4：「小帳」是社群平台上設定為不公開的私人帳號，有別於一般帳號。

離婚不是黑歷史，而是揮別不合適的勇敢。

比起夜店震耳欲聾的喧囂氣氛，我比較喜歡幾個人的溫馨聚會。一人一菜配點小酒，沒有Last Order的時間壓力，窩在朋友家吵吵鬧鬧，聊到累了就盡情癱軟，用最不符合人體工學的姿勢斜臥沙發，壓著雙下巴滑手機，要多粗魯就有多粗魯，不需要顧及形象的場合，反而更像解放。

這一天，平時最愛追酒，閨密聚會總是活潑的C突然缺席，旁人說：「他剛跟老公辦離婚，等狀況好一點才會出現。」相識六年，交往半年，對彼此的個性夠熟悉才決定走入婚姻，以為找到靈魂伴侶可以共度一生。但蜜月期一過，大大小小的問題開始浮上檯面，跟公婆同住或買房？要存多少錢才可以計畫生養小孩？夫妻的財產共有，另一方老是計較誰付出得多，嚷嚷著誰才是真正為家庭犧牲的人。

離婚後，原本充滿自信又樂天的C，整個人異常毛躁，嘴巴說已經解脫，可是從對酒精、對各方邀約的積極度，能感受到她想證明一個人能過得更好，正強迫自己走出來。外型條件不差，果不其然很快就找到新對象，但過沒多就聽到分手消息，一年之內告別兩段不適合的感情，再怎麼堅強的人都會心傷。遇上婚變，旁人能幫上的忙，就是把這碗燙口的湯放涼，等到好入口一點再一次飲盡，適時再報以溫情與關心。

好不容易等到C歸隊，對於失婚一事能夠侃侃而談，這才敢問決定簽字的主要原因。另一方不肯承認自己在婚姻裡有缺失，做得不夠或是根本做錯，爭吵事小，拒絕溝通才最教人心寒。

#拐個彎再幸福

選擇愛你比愛他自己還多的人，好好享受被在乎的感覺，被撕成碎片的感情觀，終究可以再拼回來。

嘗試解決問題卻老是碰壁，一冷一熱的關係早晚要散，倒不如拿出勇氣說斷就斷。

「別擔心，我現在好得很。」我知道那個嬌縱到有點可愛的C回來了。

前夫像是個牢籠，只想把她栓在身邊，一有摩擦，便不惜踩低對方來維護尊嚴，細節我不多問，從好友角度看這段婚姻，C確實非常投入，不斷付出再付出，全心全意呵護的家變成黑洞，讓她千方百計想要逃離。

放假跟閨密賴在一起，聚到三更半夜還不肯走人，一整天工作十幾個小時，嘴巴說想多賺點錢，C極大的不快樂我們都沒發現，殊不知是在尋找出口，想有個真實的心靈依靠。**發現彼此對未來沒有共識，也沒有一起解決問題的決心，早該思考退場機制，只是突然間要退回一個人生活，讓她有點膽**怯。

離婚過後，光是切割對方就夠耗神了，C努力復原曾經柔軟的懷抱，長時間抱著充滿稜角的石塊，早已滿是傷痕，但還是想要愛人。急著把自己丟回待價而沽的位置，拼命滑交友軟體、認識新朋友，想證明單身還有市場，太過莽撞。一旦寂寞過頭很容易誤判感情，錯抓浮木，得花更多時間痊癒，將舊傷口掐住的疼痛讓她清醒過來。

離婚並非失去價值，能將自己勇敢詔告天下的女人，反倒更有魅力。認定自我價值的方法有很多，不可否認，有人呵護是很好的痊癒方式，不過，**在下一段感情到來之前，何不過上一陣子無拘無束的單身日子，把有去無回的感情收回，將愛的重量放在自己身上。**

英國女皇伊麗莎白二世的妹妹——瑪格麗特公主，曾被貼上「二十世紀英國王室第一個離婚的人」的標籤，她美麗奔放，可惜一生都抱著遺憾過活，礙於皇室身分無法追求想要的愛情。是宿命吧，她的孫輩哈利王子，娶了曾有過一段婚姻的梅根・馬克爾（Meghan Markle），拐個彎又能再度幸福，證明現代的愛情童話跟出身毫無關係。

婚姻是一種經營感情的形式，需要兩個人才能成立。但一個人並不是沒辦法過，經歷過失敗，反而能在下一次做決定時，更沉得住氣，能夠察覺到更細微的情感交流，誰適合一起生活，誰給的快樂僅僅是在當下。不急著選擇的智慧，情感能放能收是失婚女子獨有的魅力。

放下種種怨懟跟不甘心，最難熬的日子已過去，C把自己打理得比婚前還有行情，從生活裡重生，從感情裡重生。偶然在大街上巧遇前夫，沒有下意識閃躲，態度反而輕鬆從容，不往選擇失敗的死胡同裡鑽，事後就只是淡淡地跟眾人說：「我解脫了。」

一把鑰匙，留給能照料你生活的人。

情人節前夕，幾個老是嚷嚷孤老終生的好友陸續脫單，大家像丟捧花般，紛紛送來正能量給打定萬年單身的我，有點措手不及。年輕時不把感情當一回事，總覺得談戀愛不是太難，容易到手就不懂得珍惜，曾有過幾次不知道究竟算不算數的情史，無心傷害了別人，也傷害了自己，這些年人來人往，沒有一個能住進心裡。

滑開手機，有太多社交軟體可以選擇，要認識一個人太容易了，要不認識一個人也很容易，只要一鍵封鎖就行。**久而久之，傷心的時程被縮短，很**

快結束，意味著可以很快的再開始，過往慢火細煲的愛情變成大火快炒。若把感情的開始跟結束拉成一道波幅，在這個時代則快速的像蔡依林手中的彩帶[註1]，急促、華麗到讓人目不轉睛。

聊沒幾句就立刻約出來見面，看對眼就上床，好感再多一點就嘗試交往，接著同居的節奏，我還是吃不消。沒有照著預想的情節走，承受不起失敗結局，有幾次愛情快貼到臉上，卻下意識地躲，觀望到最後對方都冷了，這齣戲自然也散了。

這麼多年，我依然很愛張惠妹的〈記得〉，MV裡她哭著整理房子，原本是兩人生活的空間，有一方先走，晚一步離開的人獨自清空，打包到一半出了神，獨自一人流著眼淚、哼著歌的劇情，在我身上真實上演過一回。新對象和他一起出現，把東西一袋一袋拎走，我像隻離水的魚被壓在砧板上一刀一刀地剮，疼痛的感覺過了頭，一整天恍恍惚惚，直到隔天醒來，看到洗手台上的牙刷少一支，才在廁所哭了起來。

MV中段，張惠妹揮舞著大塑膠袋，撈滿一袋空氣，想把對方殘留的氣味，留多少算多少。而我也有過相同心情，捨不得擦掉鏡子上的水漬，不想太快抹掉他曾經存在的痕跡，就連一張曾幫忙把雜物寄到台東老家的宅急便收據，到現在還仔細收著。那是我第一次，也是最後一次把房間鑰匙交給另一個人。

花多久愛，就得花多久忘記。
若是曾經同住一個屋簷，復原的時間
就得加上無限記號。

禁不起生活再度撕裂，只好努力習慣什麼都自己來。往後不論再怎麼愛，仍然跨不過同居那關，跟別人一起生活其實沒那麼難，難的是要重新回到一個人。

或許是嚮往安穩的年紀逼近，這幾年看著周遭朋友一個個買房、創業，找到可以穩定下來的人生伴侶；而打定主意單身，說好互相扶持到老，集資要蓋安養院共用看護的同路人，卻一個個栽回戀愛的漩渦，趁著心有餘力時狠狠愛個一回，穩定交往的速度如擊石火，似閃電光。

母胎單身的Y前陣子順利脫單，交往沒多久就聽說新對象住進家裡。看過太多情侶在感情尚未穩定就同居，最後分手搬離，導致還住在同間屋子的人無法抽離的慘事。於是我勸他別貿然把鑰匙交出去，但要是可以理性，那就不叫愛情，肯定是愛到一定程度才會讓他搬進來住。

後來，幾個朋友吆喝去好久不見的Y家聚會，我爽快答應，帶著幾瓶酒想吐槽談戀愛就失蹤的Y。踏進那間別緻依舊的小公寓，記得上次來的時候Y還是單身，這回，家裡多了一個人幫忙招呼我們，無意撞倒酒杯，一點沒喝完的紅酒灑在桌上，先衝去拿抹布的反而不是主人，Y老神在在地安撫眾人：「他比我還愛乾淨。」

出差時再也不用請朋友來家裡幫忙為花澆水、餵養貓狗，知道滿桌的餐具用完該怎麼收，不喜歡過節的矯情氣氛，就把浪漫小事用在日常，一個找飯店一個排行程，等待假期湊齊，一起親眼探訪書裡面的美麗風景，看在我眼裡煞是美麗。離開前，再看一眼門後的Y，確定這把鑰匙給了真正的安全感，看來先前的勸說顯得有些多餘，屋內的另一個人在乎他比在乎自己多。

比單純陪伴更重要的是共生共存，把激情的部分留在門外，走得進生活的，可要是一個不管再晚都願意守著門，等你回來才肯睡的人。

註1：出自〈舞孃〉一曲的表演橋段。

#等待幸福

有去無回的感情誰都怕，所剩無幾的青春裡，還願意住得下來的人肯定是愛，把心放寬，幸福總會再來。

別過度檢討自己，失敗的愛情只是不合時宜。

單身太久，偶爾會被寂寞逼急，大致上都還能用忙碌來填補，從頭認識新的人反而是種壓力。我喜歡賴在老朋友身邊，就算往事總是重提，但安心感勝於新鮮感，幾杯黃湯下肚，醉到一定程度，撐著身體插播劉若英的〈後來〉，測試那麼多年過去，自己有沒有辦法好好唱完這首歌，忍著不哭。

歌詞裡的失落與悔恨，恰是我的感情寫照。後來，劉若英拍了一部電影叫《後來的我們》，演到尾聲，女主角小曉對男主角見清坦承：「如果當時你有勇氣上了地鐵，我就跟你一輩子。」就此分開的兩人，多年後再遇見，還是喜歡，但梗在中間的是濃到化不開的遺憾。走出戲院的那段路，我忍不住一直回溯過往所有抱憾而逝的愛情，心裡有個念頭特別強烈：「要是當初那麼做，或許我們還會在一起。」

幾年前，再遇上一個曾經愛到骨子裡的人，有緣分走到歌裡唱的後來，覺得自己好幸運，比起當初的我，總算更明白如何去愛。那段時光美得像《春光乍洩》註1，兜了一圈總算有機會從頭來過，可是越相處就越感覺眼前的他，已經不是何寶榮，而我還是我，黎耀輝。

太瞭解彼此，所以沒架可吵，偶爾鬧些彆扭，但這些小爭執並非我想像中甜蜜，直到某晚，他說：「你喜歡的，應該是從前的我，可現在的我，不如你想的那樣美好。」把話聽懂，當下就決定不再連絡，又一次的單方面喜歡，但這一次我不再寄望明天。

#戀愛的時光

好時光不該被虛耗，縱使有過失望，仍然期待著苦心付出的情感能有所回應，面對過去的傷要再坦然一點。

兩個對的人被放到錯誤時空，還是錯，有些人一旦錯過就不再。

每每想到原本契合的兩個人，耗過大半的青春，最後連朋友都當不成，總有說不出的悵然。分開，然後分得遠遠的，彷彿從未認識過，是彼此最友善的距離。幸好我還能夠振作，重心轉移到工作，把感情生活漂成一張白紙，微小的纖維是交錯的情緒，越細密越柔韌，單身者的海闊天空不簡單。

電影裡，見清終究沒勇氣追到底，證明他不值得期待。看似浪漫的對白，其實得反過來聽：「我們註定是沒辦法一輩子，因為當時的你眼睜睜看地鐵開走，沒有勇氣留我。」我終於把朋友的苦勸想透了。

未必白頭到老才是唯一結局，要是當初沒走，也不會有後來的我們，這段感情從頭到尾，我都沒真正接受失敗，與「接受」註定無緣。

那次過後，我不再做如果能夠重來的夢，正因為回不去的簡單，所以年輕時的愛情特別值得回味，天真的以為修飾掉不完美，兩人就會完美，這種想法終究是單方面的認為。

一廂情願的檢討是自虐，愛不到人已經夠苦了，不需要再找罪來受，自我毀滅可沒人同情。還有膽子可以莽撞的年紀，我總會趁著酒意問：「我哪裡不好，為什麼你不喜歡我。」把對方逼到講出真話，清醒過後無力收拾殘局，有本事問，卻沒有能耐接受。

能有機會再碰頭已經夠幸運，說真的我也不年輕了，沒本事再追一個遙不可及的夢。**不執著回頭，把力氣留著去追更多可能，還想要愛的人，就不該老沉溺於傷心往事，懂得珍惜的人，不會在昨天傻傻等你。**愛情之所以難得，是人對了，時空跟環境都對了，破碎無非是另一種浪漫，至少唱情歌時有個對象能夠緬懷，不合時宜是對於失敗愛情的最好註解。

註1：《春光乍洩》（英文：Happy Together）是王家衛導演的一部香港電影，故事主要發生於阿根廷，最終抱憾收場的愛情故事。

關於愛情

感情之所以難解，是身處其中的人對這段關係有太多期待，有執著就會有不甘心，才用很多別人說的話來練習說沒關係。

只是，感情的事沒辦法一人做主，就連忘記也是。來不及跟過去和解，也還沒準備好接受未來的深不可測，難免陷入一種「別人有，我卻沒有」的慌張。

在愛裡認真過也頹喪過，好不容易來到能侃侃而談的年紀，可要有一種「我有的，別人可沒有」的自若，不適合你的人，寧可不留。

Chapter

3

刺耳的話淺淺說，
真心話請包著糖衣

家人是最堅強的後盾，
遇到難解的家庭問題，換位思考是解方

冷戰最傷人，要知道有個人總是無條件為你。

結束一份被折磨得很慘的工作，讓情緒緩個幾天，鼓起勇氣打給母親說：「我離職了。」電話中傳來她的感嘆跟無力，離職原因還沒交代清楚，便聽到一連串的誤解，認定是我平時散漫成性、辦事效率差、四處結怨。

「不是這樣，妳不要亂講。」聽我這麼說，母親緊接補槍，說我應對態度就是這麼差，不知道檢討自己，公司一定是受不了才把我開除。

「不想講了，以後也不會跟妳講了。」電話切斷，往後家人打來我一律拒接。

類似對話已成日常，我在心灰意冷時尋求家人的體諒與支持，屢次遭到反手拍，試過跳脫事件本身的對與錯，就溝通方式作理性檢討，但長輩總認為，晚輩憑什麼指正他們？輩分壓不住，便以更猛烈的力道還擊。不分青紅皂白地惡言相向，雙方都想喝止對方，像兩台逆向疾馳的車，撞到支離破碎，用對等高度溝通沒有一次能順利收場。

端午節前夕，跟母親已經有大半年沒說話了，是父親寄來的粽子，當時拆也沒拆就扔進冷凍庫。失業在家，哪也不敢去，存款不到幾百塊，空蕩蕩的冰箱只剩那一大袋粽子，用舊報紙緊緊裹著。我數了數，一串二十個，兩串可以吃一個月，想省點伙食費，挨到稿費進戶頭，每天盡可能睡過中午，撐到傍晚再拆一顆來吃。

母親向來嚴格，就連自己包的粽子也不放過，從粽葉平整度就能強烈感受。她說粽子得使勁地拉，裡頭的料跟米粒才會扎實，每一顆都是忍著扳機指[註1]的疼痛與不適，用棉繩緊緊勒緊，三十幾度的大熱天裡耗上十多個小

#溝通與吵架一線之隔

切忌聽不到想要的答案就冷戰對應，消極過後問題依然存在，不如放低姿態，吐露真實情緒讓對方感受到。

時，備料、包粽、煮熟之後還要蔭涼，步驟相當繁瑣。

原來我不是一無所有，電鍋水氣霧茫茫的，好似母親炒菜的白煙，吃到第二個星期突然難過得掉下眼淚，好想回家。可是我湊不出往返的車票錢，只能在租來的小公寓裡待著，渴望被安慰大過於被理解。那段忍著想家跟飢餓的時光裡，我的倔強無濟於事，也無可救藥。

叛逆，全是想證明自己，每做對一件事就想急著跟父母討稱讚，無奈傳統家庭堅持孩子誇不得，習慣壓低孩子的自信，順便數落幾句，才是正確的教育方式。原本報喜不報憂，到後來連喜也不報了，在外頭吞下的苦，說多像在示弱，示弱就證明自己的決定是錯的。得不到鼓勵也得不到安慰，卻換來更多的不信任，時間久了，改用沉默來表達抗議。

無論在職場或生活圈裡，我都還算是善於溝通的一方，但碰到父母親總會沒輒。幾個年紀稍長的朋友勸我放低姿態，歲數有了，**誰都是吃軟不吃**

硬，主動求和沒什麼大不了，愛比恨輕鬆多了，不是嗎？

嫌隙的源頭是誤解，聽不到想要的回答就用冷戰應對，僵局越久越難解，懺悔是最好的鬆弛劑。

成長過程裡，我希望父母至少能做到感同身受，可是無論多努力還原事發經過，他們終究不會是我，沒辦法理解加諸在我身上的壓力有多沉重。不想把問題帶給家人，一通電話不單純是報平安，既然想討拍，不如先把真實的情緒讓對方感受到，若一開始就讓母親明白我難受到想哭的心情，再緩緩吐露離職原因，先動之以情，再說之以理，想必會得到預期的心疼跟理解。

夜裡，主動打電話給父親問起母親的事，才知道原本母親今年端午不想折騰自己，但想到我現在沒收入，一定不敢回家過節，她的手再不舒服也想包幾個粽子給我，十個家裡留著吃，十個送人，剩下四十個全寄到台北。父親勸我脾氣別那麼倔，要知道她說話雖然不中聽，但總是無條件為著我。

過一會兒，我默背出母親的手機號碼，按下通話鍵，想藉故說粽子很好吃，放下姿態認錯，都還沒開口，就聽到她著急的說：「打過去都不接，不知道你這陣子過得好不好。離職之後，最後一個月的薪水有沒有拿到？媽媽不需要人擔心，你好手好腳，工作再找就有，把自己顧好就好。」

「嗯。」我哽住淚水，一聲好也擠不出來。

註１：板機指（Trigger Finger）是手指使用過度，肌腱和腱鞘過度摩擦，而導致發炎及狹窄的現象，患者會有手指無法伸直和不適的狀況，好發於勞動頻繁的族群。

我有的時間不多，但願意全部給你。

記得剛上大學，沒什麼安全感，動不動就跑回台南，慢慢地，在異地交到朋友、建立新的生活圈，回家的頻率便越來越少。到後來，想省錢也想省時，變得只會在過年、母親節跟中秋節才特地回家一趟。

當時的我總認為，跟父母偶爾見面是最理想的距離，久久一次反而想念。出社會進入雜誌業，時常沒日沒夜的趕稿，打亂一年三次的返鄉頻率，有時忙到年夜飯要開始那一刻，才踏進家門。

某年的母親節碰到截稿，原本說好要週五下班就去搭車，趕上週六中午的家庭聚餐，卻一延再延，從午餐改成晚餐，晚餐趕不及就說隔天中午到。最後拖到星期天傍晚才準備去搭巴士，突然接到哥哥來電：「你到底要不要回來，若是不看重這個家，其實可以不用再回來了。」

既無奈又生氣，我壓著憤怒解釋工作有多忙碌，氣沖沖掛上電話，心裡想著車票都買了，還是回家吧！一個人終於回到夜幕深沉的台南，沿路攔不到計程車，拎著行李徒步四、五公里回家。回到家，父親急急忙忙從沙發上起身：「怎麼不叫我去載你？」原來他在等我的門。

哥哥說：「知道你要回家，母親從好幾天前就開始準備，嘴巴念著你愛吃的菜，五、六點就去市場搶鮮，整桌飯菜冷了再熱、熱了再冷。不想打擾你工作，卻對著其他人發了一頓脾氣。」要我自己去跟她道歉。

輕輕推開母親房門，把頭探進門簾，發現電視還開著，她半瞇著眼說：

「世豐，你回來了喔。」

我低聲回：「媽媽對不起，這禮拜工作比較忙，不是故意要那麼晚才回來。」

自有記憶以來，這是我頭一次徹底自責，主動向母親道歉，而她也僅是平靜地說：「沒關係，回來就好。」躺在床上的她面容非常疲倦，想等，但沒有力氣等。

闔上房門，我下樓把冷掉的飯菜吃完，煎魚、燉煮虱目魚頭、魚丸湯……再家常不過的菜色，掛念著我愛吃魚，為了同桌好好吃頓飯，全家人都留著一份心在我身上。想緊緊擁抱不容易見到的家人，卻被用力推開。**隻身忙碌在外，容易輕忽家人的愛，我的習以為常是他們的難得**，要是事情提早一點做，就能趕得及時間回家。

#留給家人的時間

別把包容給了非親非故的人，讓工作與玩樂占去多數的時間，身為家的一份子，記得留點時間給家人。

能多留一次快樂的記憶，捨掉不必要的自我，成就更圓滿的結局，是對家人最直接的報答。

「媽，我要回台北囉。」她腦袋裡的鬧鐘叮叮作響。

母親彎腰翻著冰箱，「蘋果要不要？你不喜歡吃橘子就留著給你爸。」、「包子昨晚有先幫你冷凍，我用報紙包起來比較不容易退冰。」、「櫥櫃裡都是你愛吃的餅乾，你想要的話可以帶走。」、「這次滷的豬腳好吃嗎？好吃我再滷一鍋寄去給你。」看著她進進出出，把大包小包仔細疊好，用三層提袋包著，拿給我時才意識到這份愛給得太多、太重，笑著說：「你坐車回台北，好拿嗎？」提不動，我就用抱的，再怎麼不方便也想全部帶走。

從「去」台北變成「回」台北，家的位置被時光巧妙地置換，聽在她的耳裡想必刺癢。轉眼間，我大到什麼好像都可以靠自己，不需要再賴著家人，也不需要顧慮到他們的感受，碰上一言不合，老是用離開、不回家來作為報復，電話另一頭的聲音逐年微弱，沒力氣再做無謂的爭辯，贏了這局，可是我一點也開心不起來。

父母越無私我越內疚，記憶力再怎麼衰退，我喜歡的和不喜歡的總記牢牢；體力所剩無幾，但只要我在家，不管多晚總會撐著身子想多聊幾句，忍著犯睏的眼睛，看看我最近胖還是瘦。**每一次在外頭吃了虧、受了苦，才曉得有個地方能窩回去，安安心心地待著有多幸福。**

這些年我生活方式改變不少，外面的世界總是擾攘，實在懶得應酬，應付半生不熟的人。朋友聚會太多沒有意義，密集相處只會讓話題越來越細碎，反而失去分寸，不如回到真正的家，舒心地待著。

緊抓每次跟家人相處的機會，別讓爸媽撿拾零碎的時間，作為後盾，但別以為這樣就可以把他們擺在最後順位。**父母的時間所剩不多，卻願意全部給我，無論多晚都會等，孩子的能力或許有限，能回饋的不多，但就時間而言相對富足，肯定要盡可能地給。**

為母則強，每個女人的勇敢都是媽媽給的。

二十五歲的她懷了S，而S在二十六歲那年，迎接女兒來到人生。是同輩縱情玩樂的年紀，S決定要生下孩子的勇敢，足以對抗整個世界。聽到懷孕消息，我很清楚這女人是來真的。

跟這家人似乎特別有緣，S是我的瑜伽老師，更是知心老友，她有個可愛的女兒今年剛上小學，S的母親和我是網友，源自於一則臉書動態。某天下課，S突然抓著我說：「我媽給我看一則臉書動態說講得很好，發現那個人是你，他正在看你的臉書。」被家長關注的體驗很新奇，讓她拍手叫好的是一則爆罵路人在騎樓撐傘，插到別人眼睛的動態。當時心想S的母親肯定不是尋常人，果真。

從沒深聊過家務事，因為客戶想找一對漂亮的母女當廣告主角，而有機會做一次另類的家庭訪問，才知道S跟她的母親都是單親育女。我這輩人習慣晚婚，二十六歲懷孕生子是不得了的大事，發現跟男友對未來沒有共識，毅然決然分手，鐵了心要自己把孩子拉拔長大，更是驚世駭俗之舉。

我說：「妳是不是瘋了，一個女人帶著小孩，妳還那麼年輕。」

她很堅定的回我：「這是我的骨、我的肉，我會用生命的一切保護他、愛他。」

守護所愛是女人的天性，哪怕用上自己的生命去換下一代的安穩。

相識多年，熟的人都曉得S很倔，直到踏進她家的門，才見識到有其女必有其母，兩個言談間燦笑如花的女人不愛爭吵，卻習慣用冷暴力對待。一次重病，母親自己住進醫院，拒絕所有人探視，趕往醫院的S被拒於門外，只得到一句：「我現在人不舒服，需要好好休息。」

S用歇斯底里口氣說道：「我非常不能諒解，一個人站在樓下大哭，這件事我氣好久。」

這般倔強與堅硬聽起來很熟悉，我忍不住回S：「根本是妳啊！妳也會這樣。」

S不諱言的說：「對！我承認我就是我媽。正因如此，很常從對方反應來檢視自己是否言行失當，是不是又變成她了。」

兩名性格剛烈的女子要一起生活，不是容易的事，成年以後才慢慢拉近，能夠像朋友般的成熟對話，挑男人的眼光、價值觀、人際關係，甚至小孩出生後的教育觀念無一不談。

母親是虎媽，跌倒了絕對不扶、不安撫，更不能哭，反而在背後大聲喊著：「S趕快爬起來，妳是我女兒，應該要勇敢一點。」

聽到這裡，我忍不住說：「媽媽一定覺得妳就是她，走過的路再曲折，都不允許輕易哭泣。」

每個做女兒的，總有意無意留著媽媽給的性格和脾氣，再交由歲月修整，期待成為更好、更圓滑的女人。

當媽之後開始懂得體諒，S感嘆著說：「與其說是諒解，倒不如說是理解，當了媽媽才算真正長大，感受到很多事情其實是不得已。生活不是簡單的機制，為求安穩，必須做出很多妥協跟讓步，就像是單親這件事。小時候很困惑自己有爸爸也有媽媽，為什麼兩個人不能住在一起。直到角色轉換，才發現成長過程裡，媽媽其實給的夠多、夠努力了。」

一夜長大的S變得特別柔軟，外力施加在身上的疼痛，用全部的勇敢回敬。同齡女子還在遊戲人間時，她把心定下來認真教課，受了傷也用盡方法想趕快痊癒，深怕漏掉任何一堂課，任何一個生存機會，打定主意再怎麼忙都要陪女兒長大，陪母親變老。很難想像年輕時的她活得像嬉皮，如今不再顧著自己浪漫，落地，然後穩穩地生長著。

身為屋子裡唯一的異性，被她們柔中帶剛的親情給牽動著，三個女性支撐著彼此的生活跟情感，延續兩代為母則強的能量。幾年間，從女孩成長為女人，再變成一名母親，好像被親情緊緊絆住的生活裡，我問S：「感到最幸福的一刻是什麼時候？」

她連想都沒想就回答：「就是現在。」視線忍不住往女兒身上飄，再側過去看了母親一眼，這鏡頭太美，像是一齣再溫馨、再勵志不過的女性電影，而且絕對是國際影展有得獎的那種。

#母親的勇敢

一個女人真正的成熟，是當她換到上一代的位置，懂得做個稱職的母親要付出多少代價，因此變得無比強悍。

帶父母出國遠行，是為人子女必要的修練。

抽屜裡一直收著一張明信片，是當時一家人去京都的伏見稻荷大社，打算在旅程的最後一天寄給自己。第一次帶爸媽出國，而哥哥、嫂嫂跟弟弟難得同行，頭幾天內心難掩激動與興奮，難道這就是所謂的天倫之樂。當時心想，要是人生終點的跑馬燈漏掉這一刻，我可是會立刻迴光返照，起身喊：「Cut！」。

初次帶長輩出國，沒想到好景不常，這張明信片最後來不及蓋上郵戳，更沒心情寫下感性字句，倒數第二天在河原町四条的燒肉店大吵一架，吵到在鬧區的大馬路上揚言要各自走。

在藥妝店不斷比價，一發現買貴，便試圖想要退貨到另一家店買；一走進百貨公司像掉進黑洞，時常為了折扣卡關，出國的每分每秒都是花錢。我想把時間放在享受景點，或是帶家人吃些好料，花太多時間購物被我認定是浪費時間。

旅行第四天，我們早早出門前往京都的觀光熱點，腦海裡已經預設要拍下大量美照留念，甚至放上臉書曬曬親情。一行人從大阪住處搭電車再轉公車，好不容易抵達清水寺，父母親卻因腳痠而選擇待在附近的商店街，我們剛好趕在清水寺年度整修的前幾天抵達，一家人沒辦法一起在清水寺前拍張照，我的內心覺得實在可惜。

晚餐才是真正的引爆點。母親想折返回大阪吃燒肉，就算要花上兩小時的車程也無所謂，但好不容易請當地朋友訂到京都名店，怎可能在餐前取

#換位思考

練習用對方立場思考難處，氣氛便已經軟化一半，剩的那半就是展現修養的空間，有心要解決問題的話，不如先讓。

消，深怕自己變成台灣鯛[註1]，好說歹說總算把一家人勸進餐廳，這頓飯卻吃得非常冰冷。

或許是幾天下來堆疊太多忍耐，從對話裡就嗅得出火藥味，父母開始抱怨起廉航機位不舒服，落地過後不斷更改行程等，最後一個失言就徹底爆炸。一路要扛著帶團責任已經夠累，聽到別人數落自己不是，還得硬著頭皮走完全程，心裡非常難受。

後來，我跟母親冷戰了好一陣子，幾個曾帶過長輩出遠門的真勇者我朋友，聽完這趟從天堂掉落地獄的旅行經驗，也給了一些實用建議。多數人一致認同多花點錢請導遊或跟團，但我生性熱愛自由，且遺傳到母親的勤儉持家，不想放棄自由行。

雖然當初撂下狠話，決心不再接這種爛攤子，帶長輩出門簡直是惡夢。但事後回憶起這趟旅行，確實有很大的改進空間。爸媽一年一年的老去，能一家人出遠門的機會實在不多，於是在此埋出一些對策，希望可以幫助有志要當乖兒子、乖女兒的朋友重建信心。

遇到難解的家庭糾紛，換位思考是萬靈丹，好關係是體諒出來的。

父母並非心理跟生理素質相當的旅伴，年紀大體力也差，多數長輩沒辦法久走，所以熱血用個三分就夠，一天別塞太多行程，盡可能的定點旅遊可免去舟車勞頓之苦。只要有好吃好看的，就算整個下午耗在同個地方，能跟家人、孩子相處，對他們來說就是最棒的回憶。

也因為這趟旅行是自由行，花了不少時間找路和等待。**多數長輩只要出**

了家門容易沒安全感，人到異地的不安會更加明顯，心慌變成任性，看在子女眼裡像是無理取鬧。花點時間，放慢腳步，瞭解真實需求再做安排。

日本這麼好吃好逛又好買的國家，就連自己也會失心瘋，更何況是長輩。爸媽不喜歡子女亂花錢，比價浪費太多時間，事先研究好商場的折扣季，就能避開僵持場面。孝心做到足，精打細算選擇廉價航空的人，記得幫長輩付費選個舒適的位置，該有的服務不要省。幾個好友大推體驗旅遊，事先在旅遊網站選好套裝行程（Local Tour），安排好觀光景點的導覽跟接送，參與當地的文化體驗活動都很適合，長輩想要的是家人相處的感覺，而不是跑行程，步調慢一點無妨。

冷戰後，家裡隻字不提這趟爛尾的家族旅行，但我心裡還是期待以後能再一起出國，換到另外一個環境磨合彼此的感情，是為人子女必要的修練。

註1：意指來自台灣的刁民。

別急著掛電話，想聽你的聲音是心靈求救

初入社會的我氣焰正旺，似乎有點能耐讓世界轉動，可以主宰生活裡的大小事，便覺得自己是王，經常揮霍周遭的善意。由於個性急躁，爸媽多講兩句不想聽的話，就認為是囉唆，口氣雖不至於不耐煩，但習慣用忙碌來當作搪塞，急著句點，讓對話結束在三句之內。

說也奇妙，父母總能抓準我們玩得最瘋、最嗨的時間打電話來。半夜一點多，我跟幾個朋友在夜店喝到忘我，電話響起，來電顯示是母親的照片刻意不接，想等隔天清醒一點再說。但當天卻很反常地打了第二通，我急忙走

出夜店，找到一條安靜的暗巷，回撥給她。

「在睡覺嗎？弟弟有沒有打給你？他跟我吵完架說要離家出走，一個人三更半夜跑出門，現在聯絡不到他。」

怕吵到我休息所以欲言又止，聽到電話裡的聲音有些沙啞，我下意識地想接住她：「妳不要難過，有事可以跟我說，妳慢慢說。」

那晚，母親把壓在心底的無奈與埋怨一口氣吐完，不斷自責並解釋著從小嚴厲的管教，習慣把難聽話說在前頭，是怕我們不知天高地厚，到外面受了苦，會回過頭來怪她沒有早點說。

「常常處罰完你們，我就躲在房間哭，當媽媽的也有壓力，但沒人幫我，我的辛苦能對誰說。」連忙安撫著，答應傳訊息給弟弟確認安危。我坐在路邊的摩托車上，握著手機不發一語，推敲著多年前的夜裡，外婆是否也用同樣口氣哄她去睡。

上小學的那幾年，家裡在越南拓廠，父親一年到頭往東南亞跑，一待就是好幾個月。每天總要等到孩子睡了，才是她自己的時間。

小時候我膽子小又很不幸獨自一間房，時常被靈異節目嚇到必須開燈睡，任何一點風吹草動都能讓我失眠。家裡每個房間都有電話機，紅燈亮起表示通話中，我會躡手躡腳的躲在樓梯口聽母親講電話，只要是打給外婆，一定會講到很晚。那晚我聽到啜泣聲，急急忙忙跑向前問：「媽媽妳怎麼了？為什麼要哭？」

被突如其來的舉動嚇到，母親擦著眼淚說沒事，對電話另一頭的外婆解釋說是世豐（我）還沒睡，連忙揮著手要我回房間。幾年過去，亮紅燈的頻率減少很多，外婆過世之後沒幾通電話能一講就是一小時。從前一受委屈，總會握著話筒跟幾個阿姨分享心事，當時沒有通訊軟體，也不擅於用簡訊傳達心情，太難說出口的話全都往肚子裡吞，雖然百般不願，但母親好像又長大一次。

#父母的來電

可以的話，也幫忙扛起父母的情緒，往他們心裡多探幾句，枯萎的心靈最需要親情支撐，掛上電話後嘴角仍能揚起，無非是善。

無關歲數，一個人真正的成年禮是離開家的保護，凡事都得自己扛的那一刻。

小時候，總覺得爸媽是垮不了的長城，護著我們，想看遠一點就儘管往他們身上攀。等到我羽翼漸豐，十多歲的傲氣少年想挑戰全世界，面對四十歲正值人生顛峰的他們，任誰都是年輕氣盛，難免衝突。二十出頭學不會體諒，三十過後我每看一眼，他們就滄桑一些，當時的孩子爬上山頭，換成他們抬頭看我。

在人生最有辦法的時候，父母已近暮遲，捨不得放掉任何對話機會，遇到負面情緒，需要更有耐心。

某天早上，我正站在鏡子前整理儀容準備面試新工作，連我都忘記何時提過今天的約，母親卻記得清清楚楚。一大早打來確認我起床了沒，叮囑著穿得體面一點，待會主管問話的時候口氣要誠懇。深怕打亂我的生活步調，這通電話肯定是掛念了好一段時日。我刻意拉高聲調要她別擔心，結束後會說一聲。

離家將近二十年，爸媽早已無力干涉我的生活，在逐漸失去交集的日子裡，能聽聽子女分享近況會多有安全感，就算只是坐在路邊吃麵如此微小的事，都能讓他們感受到參與其中。**別急著掛電話，試著把再簡單不過的問候拉長到輕鬆談天，能在忙碌的生活裡，借幾分鐘說說話，對彼此來說都是好不容易。**

母親的生活圈很小，出了方圓十公里就會失去方向，但我的聲音、我的關心，總能把她帶到台灣另外一頭的我身邊。

刺耳的話要淺淺地說，給爸媽的真心話請包著糖衣。

「這個週末會回家嗎？」

「看這幾天的工作進度趕不趕得上。還特地打來問，怎麼了？」

「沒啦！阿姨說要幫你介紹女朋友，住我們庄裡，聽說家裡環境不錯，在國外唸研究所。」

「媽，幫我跟她說聲謝謝，不要麻煩了。」

電話裡，母親意圖使人戀愛的口氣特別溫柔，不用拔草就可以測出風向，肯定有大事即將發生。總以為相親這種事輪不到我，沒想到這一天終究來了，耳邊響起剩男的人生序曲，心慌的我一時抓不到音準，急急忙忙地回絕。

早些年，受不了一再被逼問感情狀況，老操心我結不結婚，先試探性地問，問久了也都只得到同個答案，便放輕力道偶爾提起。這幾年總有意無意地勸，文法從命令句換成祈使句：「如果你未來成家……。」用溫情字眼包裝成的威脅，為了擺脫無止境的追問：「這是我最後一次回答妳。」一句話自丹田衝出，整間屋子被我震到無聲。

逼婚的話題一直捱打，決定坐下來跟爸媽好好談談：「遇到不對的人，得不到預期的幸福，整天吵吵鬧鬧，若是最後撐不住離婚收場，心裡的苦誰幫我擔？順著你們的意，結了婚之後就開始問何時生小孩。抱孫子是很開心，但有了小孩之後的生養問題，你們能擔的責任有限，要幫忙也沒幾年，養家的壓力全落在我身上。原本擔心一個人，變成擔心兩個人、三個人，你們一輩子都在煩惱別人的事，何不好好想想退休後的日子可以怎麼過。」

#真心話巧妙說

熟悉彼此不代表就可以說話不經大腦，越是出自肺腑的真心就越要思考，怎麼說才最能被接受，最終是希望對方別再擔心。

「其實你也不用那麼悲觀。」

「別再煩我的事了，好嗎？」

把壓在心裡的話全吐出來，聽不進也不想往下討論對婚姻的看法，爸媽愣在沙發上眼眶泛紅，碎唸著說：「好啦，不說了。」口氣有些頹喪，但也莫可奈何。自從那一晚，再也沒人敢提結婚的事。

隔天一早準備回台北，父親開車載我到高鐵站，這段路途不是盯著手機，就是用時事補白，親密跟尷尬的拉扯，是半生熟的父子時間。想多說一點心裡話，卻又矛盾地打著官腔，怕被逼問一些不想回答的問題，尤其是感情狀況。

下車之前，父親終於耐不住地說：「是擔心你，不是要逼你，不想要的話沒關係，但話說得那麼重，聽了很難過。」

高漲的情緒是燒燙的槍管，莽撞發言變成從嘴裡發射的子彈，心不是玻璃做的也會碎，傷到家人何其無辜。

和愛你的人溝通，如果每句話都得見血見骨，仔細想想有多殘忍啊。父親讓我知道，那一晚他們有多不好受，睡前想的不是我出言頂撞，而是怕我個性那麼硬，就算一個人過得不好，怕孤單也不會說，到頭來還是在擔心。

小時候我最怕吃西藥，母親會用溫水把藥粉和在鐵湯匙，至今想起仍會頭皮發麻，那味道實在噁心，來不及過舌頭那關就吐得滿地都是。後來她把感冒糖漿和在裡頭，輕哄著說：「這些喝下去，病才會好。」說也奇怪，就憑著這一點點甜味，藥粉變得順口許多，吃藥不再是惡夢。

為子女操心是父母戒不掉的習慣，既然知道焦急的源頭是愛，一切就更好說了。試著不讓彼此糾結於婚姻的辯論，**把原本真實到有些不順耳的心底話，包一層糖衣再說出口，就像當年希望我乖乖吃藥，用把病治好的安撫口氣，明知苦口，但有更好入喉的作法。**

碰到立場不同，不撂狠話是留點空間維持自在，不認同的觀念仍要安靜傾聽。若有心溝通，力道要放到最軟，軟到不需咀嚼就能夠吸收。捨掉「你」跟「我」的主詞，用「爸爸」、「媽媽」這類最親密、最日常的家庭稱謂，多提到「我們」，準備一些資料佐證想法，好讓爸媽覺得你不是魯莽決定，被認定是任性。

往後，我不定期分享近況，就算沒辦法參與，也讓爸媽知道那是我想要的人生。不想要成家成為負累，創業初期專注在工作上，至於誰來陪伴一切隨緣。一有時間，就聊聊生涯規劃，想成立工作室、出國進修這類大事都找他們討論，不怕被否決，聽點不同的意見並非壞事，能把古板的觀念扭轉過來，得靠三分糖的說話技巧。

心安人就安，把家裡兩尊活菩薩給安好，人生從此有他們坐鎮，往後遇到親朋好友問起婚事，母親自會起身主動擋槍，幫忙解釋說：「緣分未到，年輕人工作還沒有成就，這事不急。」氣氛反而輕鬆，多好。

重修與長輩相處這堂課，別太快拒絕他們的請託。

記憶裡，父親腰間總掛著一個黑色方形的小皮套，一支大哥大[註1]藏在裡頭，磨到數字都模糊還不肯換。開著一台老福特，匆匆忙忙地從外面回來，一會兒發動推高機，一會兒跳上藍色小貨車，要說上幾句話都很難。

若有空檔，一定會問我功課寫了沒、考試考幾分，就是沒時間聽我分享學校老師教了什麼。還來不及結束對話，來電鈴聲便再度響起，接起來之前不忘先趕我上樓，回房間看書。

父親退休後的生活變得清靜許多，大哥大不再是大哥大，手機不如一支電視遙控器，偶爾老朋友打來噓寒問暖，才從躺椅驚醒，又聽見熟悉的宏亮的問候聲：「喂咿！陳桑好久不見，最近可好？」

切斷電話之後，他小小聲地問：「我的手機可不可以有上網功能？」很快地就被哥哥打斷：「手機要上網做什麼？萬一不小心下載付費功能誰付錢？上面很多詐騙知道嗎？」

啪啪啪連三個問句，難得有央求口氣的父親，被堵到一陣沉默，嘟囔著：「我的那些朋友都在用LINE傳圖片、傳訊息。」

兩代的隔閡來自於缺乏交集，父母有求於你是個好時機，解決問題可以增加信任感，再疏離的關係都能得以修復。別太快拒絕長輩的請託，無論如何先接過橄欖枝，往往在幫忙想辦法的同時，兩邊的心早已柔軟。

父親的手機型號太舊、太陽春，就算連上網路也不能靈活操作通訊軟體，剛好門號合約到期，我請他自己去門市續約，換成上網方案跟智慧型手機。解完手機任務，回到家第一句話就說：「我不知道上網的手機那麼貴，

#重修長輩課

當孩子一直往前成長時，父母卻停留在原地。不如拉近彼此距離，解決父母的疑惑，成為他們的依靠。

一個月要付兩千多塊的月租費。」發現爸爸被店員當成肥羊宰，綁定一堆無用又昂貴的加值服務，哥哥氣到差點把櫃檯炸了，退還手機、解約，陪著父親到另一家店購買。

智慧型手機是他的學校，開學第一天總有問不完的問題。拍完的照片要去哪裡看，錄完影片要怎麼傳到群組裡，朋友傳來長輩圖該如何存取，哥哥跟弟弟被問到煩，又不敢特地吵我，每次都得忍到我回老家，父親才把手機拿出來發問。

過沒多久，母親也入學了。她的要求相對簡單，只想專攻LINE跟Facebook，很快地又被兒子們否決，提過好幾次還是不得其門而入，難掩失落地說：「每次人家在討論FB，我都不知道他們在講什麼。」

我坐到她身邊，把手機拿過來說：「媽，我來幫妳申請FB帳號，但妳加了好友就默默的看喔！」

母親回道：「好啦！好啦！」口氣難掩興奮。

當父母老了，做他們的眼，把遼闊的世界帶到面前；做他們的拐杖，有人作伴便沒有去不了的地方。

有了臉書帳號，跟母親的話題不再僅有家務事，線上線下，我們之間有了無限遼闊的宇宙，聊聊親友近況、看看別人家的小孩長多大、聽她講像是發現新大陸般的分享養生新知，偶爾我會吐槽那是假新聞。

某個下午，特地打來炫耀接到詐騙電話，還能冷靜應對：「剛剛有人打來說哥哥被綁架了，但我知道那不是真的，他人在樓上房間。這個我在網路上有看過，都是假的啦！」我聽完哈哈大笑。

跟長輩相處的這堂課，我一直沒修及格，**始終用眺望角度去看待兩代關係，最融洽的位置其實是低一點、近一點，或者根本不要有距離。**決定拉父母一把，擔心科技世界太多惡意，他們退化到沒有抵抗力，錯把陷阱當生路。這些年常見的假新聞、詐騙簡訊都出自於資訊落差，不肯花時間填平數位鴻溝，不想教會又嫌他無知，等到父母辨識能力變得更差，肯定會慘跌進去，早晚而已。

每當我回老家，晚餐結束，便會教一堂手機課，拿著他們的手機指著螢幕，一步一步教學，連最簡單的存取功能都得再三確認有沒有學會。要是教得太快，母親會推著眼鏡，把臉湊在我的肩膀，溫熱的感覺熟悉又陌生，想不起來上一次兩個人靠得那麼近，究竟是什麼時候。

註1：早期行動電話是高單價商品，商場大亨跟黑道大哥常使用，故稱為「大哥大」。

家最完整的狀態，是情感上的相互需要

高中三年我卯起來打工，一滿十六歲就急著翻開報紙求職頁，用禿鷹獵食雛鳥的眼神，掃瞄所有關於「兼職」、「假日工讀」字眼，電話挨家挨戶地打，隨時準備面試。好不容易被一家中餐廳錄取，之後做過咖啡廳、KTV、銅盤烤肉、港式飲茶，體面與否從來就不是我挑工作的原則，只要有人肯用我，能脫離父母的經濟掌控，我都願意試試。

某次，碰到父親的老客戶來吃飯，回家後母親回了一句：「不知道的人，還以為我們家境多差。」受不了情緒性的言語，更加深信唯有弱化父母的角色，我才能夠真正獨立。

「養你那麼大講個兩句都不行，有本事就滾出去。」

「不用你養，我自己會想辦法，有能力的時候我會盡快搬走。」

又一次激烈爭吵，動不動就要把我趕走，高三升學我刻意挑北部學校，離家越遠越好。放榜當天，興奮到在房間內又叫又跳，終於如願以償不用再寄人籬下。在台南的最後一天，家裡的生意得顧，父親走不開，是母親跟表姊開著自家小客車，行李廂塞滿雜物，我抱著電腦主機跟一床棉被坐在後座，看著窗外景色漸漸從農田拔出高樓，未知的生活是多麼令人期待。

一會兒抵達校外宿舍，幫忙把整車的雜物搬上四樓之後，母親站在房門口盯著我一一拆箱，我要她早點回家。

「媽，你們趁著天還亮著，趕快回家，晚上開車很危險。」

「那……我們要走囉。」

「好，我自己可以的。」

「想家的時候就往南方看。」

聽得出來母親用玩笑掩飾不捨，急著把她們送到門外，站在陽台揮著手，目送離開。看著車繞下山路，慢慢消失在視線，我深吐了一口氣，分不清是輕鬆，還是不安，家終究是離開了，要回去也很難了。某次家族聚會，表姊才說出那天上車之後，母親就把頭一直別過去，抓著腿上的包包緊盯著窗外，從後照鏡看到她一路上眼淚沒停過。

孩子能夠獨當一面、財務自主，對父母是莫大的安慰，但連情感不想要依賴，開心難過也不願意分享，卻是一種冷暴力。我努力掙脫上一代的束縛，卻沒想過他們也被上一代束縛著，不熟悉同理相讓。忙著賺錢撐起更好的生活，能夠生養後代是努力生存的回饋，只曉得一味的給，毫無技巧的給。**父母給的，不是我想要的；但父母要的，純粹是希望被需要，這我連想都沒想過。**

#把家圓回來

家最完整的狀態是相互需要，就讓長輩做回自己，那個可以照顧每個人的自己。情感的缺口便能不藥而癒。

太習慣得到，會豢養出任性的巨獸，反過來對已到手的好處斤斤計較。

總覺得外頭的人給得了溫暖，家裡更待不住，不願父母特地為我做什麼，不想要也不需要。若有人問起，她總會形容我是在台北工作的二兒子，平時很少回來，聽起來多疏離啊。

成年人總有扛不住的時候，失業又被朋友背叛，狀況最不好的那年是母親先發現異狀，打電話要我搬回去，再怎樣都仍然有個家可回。沒料到從十六歲就想逃離的地方，卻變成最安穩的避風港，繞了一大圈，最後發現父母仍在原地等我，從未離開。那段住在家裡的時間，爸媽固定每天準備三餐，把衣服摺好放在床頭，半夜見我房間燈還亮著，會走進來假裝拿東西藉機關心，我們在各自的角色裡慢慢活了過來。

對家裡始終有著誤解跟虧欠，每次回家不忘帶著一堆保養品、香水、包包孝敬母親，她總是笑咪咪地收下，最後我發現禮物都被收在梳妝台抽屜，連拆都沒拆過。我這才懂，原來不被需要是變相的情感剝奪，好像硬生生把心頭肉給拽下來，好痛、好痛。

物質給予的力量遠不及情感交流，真正愛一個人是不會想從他身上得到，反而是拼了命想給。家人更不例外。

對她來說，最棒的禮物是我總賴著她。難得回家還特地早起，硬跟著去菜市場，在常去的老攤付完一碗魚羹跟碗粿的錢，像個大人似地說待會再來帶我。睡前，從行李抽出一件新買的襯衫問她好不好看，戴起老花眼鏡幫我把每顆扣子縫緊，邊縫邊唸：「連縫扣子都不會。」像還住在一起那樣。

試探出父母最深層的恐懼，像知心好友般陪在身邊。

「醫生說我有憂鬱症的傾向，但不用擔心，我有在吃藥控制。」

幾年前，母親因為檢查出甲狀腺惡性腫瘤，挨了一刀，整個人元氣大傷，連說話都有點困難。平時總是拉高分貝吆喝著家人，東西用完要記得收，為了不要讓她有機會碎念，身為家裡唯一的女性保障名額，我們幾個大男人總是有默契的讓。早些年父親經商失敗，經濟狀況一度墜入低谷，讓她焦慮成性，總會在半夜驚醒，不敢起身讓家人知道整夜沒睡，只得在床上翻到天亮，隔天還得面對一堆債務跟家事，稍有摩擦就容易產生情緒。

日子一久，我總會安慰自己吵吵鬧鬧也是一種幸福，她的情緒或高或低，都沒認真當一回事。爸媽終究是凡人，內心需要被傾聽，心理素質再堅強人，也熬不過長時間遇到困難沒人搭理，面對劇烈的挫折感無計可施，最後積鬱成疾，成為別人眼中的古怪脾氣。

「媽媽的氣話聽聽就好，不要回嘴。」父親總勸著。

置之不理會讓病人身心狀況更加惡化，照三餐噓寒問暖未必可行，重病時刻需要家人陪伴，不是看護。

自從那場病，她脾氣變得異常古怪，總豎著刺，像刺蝟般旁人難以靠近，溝通也不是、順從也不是，爭吵的方式變得更加無理。愛把狠話撂到沒有退路，動不動就說再過幾年就不在了，等到她走了就不會再麻煩大家。結束一連串的喪氣話，接著把自己鎖進房門，傳來陣陣哭聲。

有一年，我們過了一個沒有母親出席的母親節，幾個人叫外賣到家裡吃，不敢發出任何像慶祝的雜音，不動聲色地結束那頓飯，各自回房。心急又怕觸怒母親的我只能傳訊息安撫，得不到回應就當成是想要冷靜。

隔天早上，發現她房門是開的，但沒人在房內，幾個兄弟分頭聯繫親友，扭捏地讓對方知道母親好像離家出走。我用手機的定位系統，發現母親的手機位置在五公里外，約莫是三阿姨家附近，趕緊打電話去問：

「阿姨，請問我媽媽有在妳家嗎？」

「她沒有來耶。」

「好，如果她有去的話，跟她說我們在找她，請她回個電話。」

「好的。」

口氣太過鎮定，很顯然是套好的台詞，切斷電話之後稍稍鬆一口氣。我叮嚀父親，雖然知道人在哪，但一定要讓母親感受到一家人急著找她，多打幾通電話給任何有可能在她身邊的人，最好讓別人轉述先生跟兒子心急如焚的感覺。果真，經過一天一夜的煎熬，原本打開的房門再度關緊，離開家前，我站在門外輕輕喊著：「媽媽，我準備回台北了，妳有事再打給我。」

就這樣折騰大半年，母親的狀況一直沒有好轉，父親難得會主動求助，我才意識到不只身體，就連心也生病了。要好的女性友人一聽就知道是心病，叮嚀我一定要讓她依靠，因生病而產生的恐懼無處安放，只好橫衝直撞的討愛，生完氣爆哭，是因為沒辦法再像從前那般倔強。此時的她拖著病體，心裡深處比誰都無助。

病人恐懼有兩層，**一層是生命的不可測，另一層是怕帶給所愛的人麻煩。拖著病體的父母總愛逞強，用情緒化來掩飾脆弱，因此要把不理性的字眼剝除，試著感受言下之意。**小時候生病哭鬧的我們，總被溫柔撫慰，長大後的我們要知道體諒，讓他們感受到「無論如何，我都會在」，此時彼時。

「威廉，你平時愛幫助朋友，討身邊的人歡心，何不試試看把媽媽當成我們。萬一我們遇到同樣的事，你會怎麼拉我們一把。」平時在外頭交友廣闊，滿口江湖俠義，卻從沒嘗試過跟爸媽做朋友，相識三十多年不管再靠近，兩顆心始終隔層膜。父母生病要靠藥醫，但生理的痛會併發很多心理的傷，得靠親情來治癒。

趁著心情好的時候，順勢關心她睡得好不好，偏頭痛的老問題還在不在，用心疼朋友的口氣切入，分析長期睡不好所帶來的後遺症。母親連忙附和：「對，我從以前就這樣了。」、「有睡飽就不會想生氣了。」開始拼命倒心事，我也樂得傾聽，畢竟能說出口的都不算煩惱。頭一次我跟母親的距離，近到像坐在同張桌子喝下午茶的閨密，不忘細聲規勸：「何不讓醫生調整看看妳的睡眠品質。」

過沒多久，她假裝淡定地說出身心科醫生的建議，拿著藥袋請我上網查查，哪幾顆藥不用照著吃，睡是睡飽了，一整天昏昏沉沉的不太好受。口氣越逞強，我的心就越沉，我皺著眉頭猛爬文，不經意地脫口而出：「妳要把自己照顧好，才能再照顧我們。」耳畔飄進一句：「好啦，我知道。」口氣溫柔異常。

#做父母的朋友

父母遇到特殊狀況時，尤其是因生病而產生恐懼時，更需要溫柔的撫慰與陪伴。

過度關心是因為一無所知，兩代人際圈需產生對流。

在家中，父親總是扮白臉，很少對孩子嚴厲管教，小時候關心功課，長大會談工作，其餘的事便不太過問，口氣多半溫和，若有負面情緒也只是幾分鐘而已。但某陣子卻跟弟弟鬧得很僵，吵到他揚言要離家出走，導火線是一記巴掌印，氣不過弟弟去打耳洞沒事先知會，話來不及問完，手就揮出去了。

向來是好好先生的父親，對孩子出手的次數一隻手數得出來。一起生活幾十年，很清楚他的底線是學壞，但打個耳洞而已，實在不算滔天大罪，我在一旁打算好心勸說，父親的反應卻反常地激烈，怒視著我說：「今天打耳洞，明天就會刺青，越走越偏，想學人家當不良少年嗎？」

想勸的話全吞進肚子裡，顯然不是對話的好時機，父親是個再保守不過的人，此刻完全無討論的空間可言。一旦追究起學不學壞的問題，十個有八個家長都會把矛頭指向同儕。我家的小孩平時很乖，一定是被朋友帶壞的恐龍心態，我早弟弟幾年領教過，一出事先教訓自己人很合理，但下一步就是習慣檢討周遭朋友。

我把弟弟拉到一旁安撫，提醒他接下來的日子會很難過，若不想再起衝突，身為晚輩請盡可能順從。果真，黑臉角色的母親開始緊迫盯人，放大檢視弟弟的交友圈，凡有來往的人際關係盡可能探到最仔細，跟誰出去？去哪裡？做什麼？幾點回家？都得清清楚楚，稍有差錯就會唸起緊箍咒。

南部鄉下的小家庭氣氛融洽，開明倒不至於，幾個兄弟跟父母仍有著一

#人際交流

把爸媽的朋友當作自己的朋友，讓他們感受尊重，也把朋友帶給爸媽認識，讓外頭的人說說好話，成為兩代關係的潤滑劑。

定距離。長大後，若遇上觀念無法溝通的時候，彼此會有默契地點到為止，就好比是打耳洞不等於叛逆，叛逆不是壞事，而壞事的源頭未必是同儕的影響。

與父母溝通得靠技巧，衝撞原則的結果是兩敗俱傷。試著先尊重界線，拆解問題的結構。

把上一代的防衛心一層層剝開，面對硬脾氣的姿態要放軟，遇到情緒勒索的父母立場要夠正確、夠堅定，不管態度是軟是硬，最終的本意都是讓對方放心。

受不了總是被質問，弟弟乾脆都把朋友約到家裡坐，偶爾打幾圈衛生麻將，有時人不夠會讓母親湊一腳，來的客人形形色色，抽菸也有、刺青也有，當然斯斯文文的類型也有。從他們的對話感覺到跟弟弟交情匪淺，說也奇怪，見面三分情這招真好用，對於這幾個貌似凶神惡煞的訪客，爸媽態度起初是防衛、是客套，偶有不失禮貌的微笑，到後來卻意外友善，有時弟弟不在還能主動聊上幾句。

就我的過往經驗，朋友來家裡作客的結局都不太愉快，到後來乾脆不讓爸媽認識我的朋友，氣氛降到冰點。回到台南總是宅在家裡，父母始終不清楚我的交友狀況，認為是我脾氣古怪導致人緣差，有朋友會擔心，沒有朋友也擔心，乾脆把這扇門關起來。

對於未知卻又想瞭解的事物，先抱持恐懼很正常，以父母角度看孩子的生活狀況，就像人類遙望天空，一發現不尋常的光點會先用經驗自行判斷，不如就讓爸媽進入宇宙，給出完整的世界觀，教他們認識你的世界。**先開個**

縫，讓願意靠近的人參與你的家庭生活，人來人往會形成流動，一池死水終究會被喚醒，轉換成情感豐沛的活泉，加深彼此的信任感。

過度關心是因為對孩子的生活一無所知，衍生出對人、對事的觀點衝突。基於彼此都成熟，不如讓兩代的人際圈產生對流，以尊重為前提的相互指教。不只我的朋友，我也會提醒爸媽哪些朋友沒事少接近，偶爾遇到鬼遮眼，能夠和家人同仇敵愾的感覺，也是關係冰冷的最好解方。

關於親情

細數成長過程裡的叛逆，全是想證明自己可以。父母給的，不是我想要的，但父母要的，純粹是希望被需要。

口口聲聲說自己多成熟多懂事，卻把包容給了非親非故的人，孩子長大了、他們也老了，所剩不多的時光裡，不該用再眺望角度看待兩代關係，靠近一點，用最溫柔的口氣說愛。

一個家，最完整的狀態是情感上的相互依賴，缺口再大都能修補，要知道有幾個人總是無條件為你，他們的名字叫「家人」。

Chapter

4

人生太短，請將美好的未來留給自己

真正的成熟，是懂得替未來打算，
列下你的人生清單，順從內心，為自己勇敢

能動的時間不多，請拿最愛的事交換更好的未來。

夜裡，我蜷著身體翻來覆去，肚子絞痛到冷汗直流，一會兒吐、一會兒拉，沒辦法好好躺著。撐起身體到廚房倒了一杯水，吞下兩匙胃散，眼前突然一片黑，差點倒在地上。大半夜不願驚動室友，只能坐在沙發上等暈眩的感覺好一點，趕緊拿著錢包跟健保卡，穿起厚外套，叫計程車到附近的醫院掛急診。

一到急診室掛完號，隨即做簡單的檢查，醫生用聽診器壓著我胸口問哪裡不舒服，發現下腹部異常疼痛。請護士先準備病床，幫我打點滴補充體力，隨即確認基本資料。需要化驗排泄物，但看我整個人全身無力、臉色慘白，連忙請另一位男性醫護人員攙扶到廁所，說：「有家人陪你來嗎？可能要住院觀察是否為細菌感染。」

我氣若游絲地擠出一句：「沒有，我一個人來。」

那陣子工作正忙，凌晨五點，躺在急診室的病床還不敢闔眼。行事曆從早上九點滿到晚上九點，幾個小時後要交提案給客戶，下午要準備藝人拍攝用的服裝，晚上跟朋友吃完飯要回家繼續趕稿。折騰一整晚的身體疲憊不堪，但還是得發郵件說明身體不適，看看能否把時間往後延，當下實在沒有力氣承受不諒解，索性把手機關機，進入熟睡模式。

醒來的時候已是下午，護士換點滴時搖醒我說可以出院了，幸好不是病毒型腸胃炎。我第一個反應是趕快開機，果真，還來不及推掉舊的，新的事情就來，等待領藥的時間我坐在候診的座椅上回訊息，趕著回家開電腦處理工作，順便熬些米湯來喝。回想著這一整晚、這一整天，我想把每件事情都做好的意念，似乎跟身體產生排斥，鏡子裡的倦容跟滿臉鬍渣，究竟把自己逼到了底，換來的是怎樣的生活？

慌張地抓緊每件喜歡的事，所謂的斜槓變成瞎忙一通，把那麼多職業攬在身上，卻沒有一個角色特別出色，再緊湊的人生也是平淡。

那天，跟藝人約在家裡試衣服，提著大包小包急急忙忙地進門，一直以來，造型師都是我不肯放掉的身分，那陣子正好是新書的宣傳期，同時間其他的工作也沒間斷過。一天就這麼長，但我要轉換的角色太多，試裝當下忙著回覆客戶的訊息，顧不到許多細節，偶爾會有應付的口氣出現。長久以來的合作默契讓我讀到幾分不尋常的反應，趕緊把手機放到一邊，最後對方忍不住說：

「威廉，你最近是不是太忙了？」

「真的很不好意思，太多工作推不掉，時間有點不夠用。」

「專心做好最想做的，這些你喜歡的事情，其實也會反過來選擇你。」

曾經是紅極一時、好萊塢片酬最高的女星——芮妮・齊薇格（Renee Zellweger），十四年接拍二十四部電影，多產的結果，換來令人詬病的爛片品質。從呼聲最高的影后位置落入票房毒藥，引來低潮。好友莎瑪・海耶克（Salma Hayek）對她說：「玫瑰無法盛開一整年，除非它是塑膠做的。」潛伏六年後，儲備了更多能量一躍而上，最後以《Judy》（茱蒂）一片拿下奧斯卡影后。

苦過幾段沒有收入的日子，只要有工作上門，我多半來者不拒，時間兜得上的話，錢多錢少總是賺。但這幾年過度勞累把身體搞差，免疫系統常出問題，動不動就大病一場。人一病就會特別傷感，躺在床上虛弱的我，常想著哪天要是連動都動不了，有哪些事是我會掛念的，哪些又是我來不及做，而感到悔恨的。

當忙到不可開交，我會先試著緩緩步調，剝除物質考量，試著看清每件事所能帶來的後續效應，哪一樣最接近理想。時間越壓縮就越要沉著，心急當下所做的決定，肯定有很高的機率會後悔。

努力工作、努力生活，就是讓自己各方面的條件變好，好到可以做選擇。當機會一湧而上的時候，有能力選擇一件對未來最有幫助的事情，不需要考量基本的生存需求。想做的事很多，但時間似乎不想等我。要同時拋接多重身分得付出強大的專注力，哪天當我老到動不了，總不能還過著特技演員般的生活節奏吧。

在諸多喜愛的事情中做取捨，並減少不必要的人情聚會，把繞著別人

轉的心力用來「留下些什麼，證明我活過」。我選擇創作，它是一種掏空自己，再不斷用生活感知填滿的良性循環，這是未來的我萬一沒做，肯定會懊悔萬分的一件事。

#所謂的未來

試著想像，白髮蒼蒼的你究竟想歷練什麼樣的人生，跑馬燈裡想出現哪些片段，可以趁現在就開始鋪陳。

在眾聲喧譁的世界裡，獨處是給心靈的假期。

剛出社會那幾年，挺得意自己的工作不用打卡。我的第一家公司是法商，看到法國老闆跟總編輯在截稿期喝著紅酒，兩人坐在玄關靠窗的座位，忙裡偷閒的畫面我永遠忘不了。

一個剛畢業的小助理不懂得收放，無時無刻繃緊神經，連到家都不敢鬆懈。中途遇過幾個緊迫盯人的主管，養成隨時待命的習慣，手機全天候開機，響鈴音量必須調到最大聲，睡到自然醒是世俗對責任制的誤解，前一晚肯定不是累了就可以睡。

轉職到網路媒體後，每天都有突發事件，文章沒有寫得完的一天。身為主管得應付大小會議，對內、對外鬆懈不得，就連跟家人吃頓年夜飯都要監控流量，切不斷所有匯流到手機的訊息，像被囚禁在名為工作的精神牢籠。責任是枷鎖，越掙扎越沒有力氣，加諸在肩膀的重量將我往絕境裡推，不管工作內容怎麼換，都甩不開倦怠感。

非得要逼近崩潰的臨界點才肯送出假單，用長假來鬆弛心靈。早些年，會跟三五好友出國旅行，事前做足功課，該吃的、該去的，一項都不能錯過。事先訂好網路評價很高的餐廳，難得有機會朝聖名店，每道菜一上來必須擺盤拍照，拿著刀叉的陶醉表情要做到最足，所到之處都得留下痕跡，拍到每個人都滿意才離開。

飯菜都涼了，還得即時分享不負責任的食記，飯後總有一段科技冷漠的時間，各自忙著跟親朋好友互動；不爭氣的人會點開工作群組，換個地方繼續做同樣的事。人在國外，心繫台灣，銷假上班的那天六神無主，最強烈的

#手機恐懼症

記得適時將手機切換至靜音模式，心也是，產生倦怠感時，不如讓自己放段長假放鬆心靈。

念頭卻是辭職，並非初衷。

猜想，肯定是放假跟一群人賴在一起，互相遷就變成耗損，決定換成一個人旅行。雙手用力一揮推開紛擾，可惜換湯不換藥，該是享受的時候忙著記錄生活，動態分享從沒停過，很怕別人猜不到自己此刻的心情。手機是我的旅伴，有限的時間裡放不掉社群平台，像在演一個出國玩得很開心的人。飛完一趟充不到電，再度變成另一種形式的消耗，加深不想工作的厭世感。

久而久之，造成嚴重的手機恐懼症，聽到電話聲響會頭皮發麻，修練好久才有切成靜音的勇氣。休假中急著打來的電話絕對不是好事，若真有急事，至少通訊軟體是緩衝空間，可以視情況回覆。

然而，**社群軟體就像潘朵拉的盒子，一打開就會跳出無數的干擾。**

過多訊息會造成心理負擔，資訊焦慮是現代人的精神瘟疫，關掉提醒，讓求知主導權回到自己手裡。

戒掉工作狂的壞毛病，卻還是放不開手機。該是不被打擾的休假日，不願跟原來的世界失去聯繫，但我腳下踩著泥土，鼻息間嗅到溫熱的食物氣味，擁擠的異國街道跟陌生人碰撞，忽略眼前活生生的景色才叫與世隔絕，人到異地，心還在台灣是哪門子的休假。

初訪越南胡志明市，朋友再三告誡別在大街上用手機，當地搶案層出不窮。我不信邪，想說謹慎一點總會沒事，直到前方的白人女子，被一台呼嘯而過的機車劫走包包，她嚇傻我也嚇傻。趕緊把手機塞進牛仔褲口袋，想去哪就問路人，沒到安全的地方絕不拿出來。也因此那段旅程，我多出很多時間可以感受周圍，不需要對誰交代行蹤，走過的每一步都特別深刻，原來沒被打擾的寧靜狀態，才是我想要的放鬆。

身體疲累，就要休息，這是再正常不過的生理反應。但休息時間做很多讓心更累的事，精神沒辦法放鬆，心理持續折磨生理是現代人的矛盾。**因為害怕孤獨，緊緊拉住的人際聯繫成為束縛，沒辦法獨處就得不到真正的休息，唯有心裡安靜了，才稱得上鬆弛。**

人生是場旅行，時間就這麼多，坐在一列急馳的列車，只顧著跟旁人交流就沒辦法好好欣賞窗外的風景。在眾聲喧譁的世界裡，孤獨是給心靈的假期，專注當下，反而獲得更多。

假如時光能夠倒流，就沒有此刻的勇敢。

出國前，我特地去重慶南路幫外甥女買練習題，發現大學時代常逛的幾間書局都在打折出清。十二月天，台北車站一帶氣溫竟高達二十八度，我提著一包參考書和還沒包裝的聖誕禮物，已過晚餐時間，全身大爆汗，恍惚地望著霓虹招牌，在南陽街井字巷弄裡來回，穿過騎樓，一張張手寫布告寫著：「結束營業」，幾個大字把我嚇醒。

這裡封存著我曾經的人生轉折，升大四的那年夏天，「畢業後要做什麼？」這句話一直壓在心頭。毅然決然放棄設計本科，在網路上爬文爬了好幾個晚上，小心翼翼捧著媽媽借來的三萬塊，循著地址到補習班，目標是跨科考明年度的傳播類研究所考試。

回憶起大學生活的後半場，心頭仍有一陣無力感來襲。二年級的下學期剛開學沒多久，夜裡接到家裡電話：「工廠昨晚失火，不過人都沒事，這段時間你自己好好保重，家裡可能沒辦法幫你太多。」從來沒聽過哥哥如此頹喪的口氣，掛上電話前要我有空回家一趟。

不過幾年之間，經歷父親海外經商失敗，多年心血付之一炬，家裡經濟陷入困境，設計系龐大的開銷壓得我喘不過氣，有幾堂課特別花錢，需要大量的耗材跟昂貴器材。最有興趣的攝影課，得等到同學把自己的作業完成，再把相機借我，跟同一個人借太多次，無意間聽到：「好煩，怎麼不自己買？」眼鏡突然起了霧。

每當無助的時候，我只能一直睡、一直睡，渾噩度日，多希望一覺睡醒世界就會不一樣，但總是事與願違。在困境中放任自己腐爛是惡性循環，我放棄掙扎把課業搞砸，隱忍著苦痛跟自卑，最後連學校都不想去。情緒焦躁找不到出口，我的倔總帶著刺，原本形影不離的同學一個個遠去，先被大環境遺棄，再失去人際維繫，陷在強烈的孤獨感裡。

同一年，遇到一首歌叫做〈知足〉，其實我很討厭字義上的知足，擺明就是非得要忍受所不能忍受，如果可以，誰不想像個小孩任性揮霍？可是我們都很清楚，沒有人可以不長大。沒辦法退，只好向前，每當快要過不去的時候，我會心一橫地切開過去，選擇重生。

換一種新的生活態度，或設定新目標，頭也不回的直直衝去，追尋新生活的過程中，總能找回自己。

大學最後一個暑假，我選擇重新來過，決定搬離學校附近的雅房到新的城市生活。看著搬家公司將家當打包上車，跟司機約好台北見。我一個人發動機車，腳踏板夾著一床棉被從龜山、迴龍一路經過新莊、三重，穿越中山北路的樹海，最後抵達天母的新住處。記得那是頂樓加蓋的三房格局，從陽台可以看到陽明山，倚在圍牆望著星空一片遼闊，突然覺得自己長大不少。**我開始喜歡改變，唯有改變，才有機會靠近原本觸不到的未來。**

等待朝陽升起的希望感，將失序的生活逐一修復，把自己放到新的環境重新開始，過去再怎麼辛苦都無所謂。準備碩士考的那段時光，重新賦予我存在的意義，生活變得有目的，反而能用積極的心態面對學校與家庭的問題。咬著牙把學分修完，不管喜不喜歡，一定要順利畢業，其餘日子便穿梭於台北車站跟圖書館之間，偶爾跟家裡報平安，成為照亮他們的光。

或許是因為當時毫無後援，沒有理由不往前走，與其坐困愁城，不如想辦法扭轉劣勢。當時我最大的改變是心態，**軟弱無濟於事，這影響了往後的**

十年、二十年，即便在職場上遇到挫折，也不讓情緒蔓延太久，直接進入解決問題的步驟。勇敢是那時候的我給未來自己的禮物。

其實我好想回到那一年，輕敲房門，找到藏匿於黑暗中的自己，告訴他不要害怕，哪怕當時的我會倔強地推開。不過，要是沒有當時的恐懼與磨難，此刻的我肯定不會這麼勇敢。誰的人生不是起落不定，面對失去，特別是巨量的失去。我會細數還剩下什麼，誰是不離不棄，而誰又是會把僅有的給我，一旦手心將它們握緊了，這種安全感就像瑪利歐摘下星星，無敵。

#改變態度面對

成功者的性格都有著不服輸的特質，避免盲目堅持，胡同越鑽越死，先承認自己失敗，做錯的事就不要再錯。

你的工作無法定義你是誰。

能好聚好散，自由決定去留，這叫「自願離職」。而被資遣、被開除、被逼退，則統稱為「非自願離職」，這是比較婉轉的說法，講白一點就是被炒（魷魚）了。被炒的感覺問我最準，畢竟體驗過四次。被炒的感覺，就像賣東西被退貨；被炒的感覺，就像你從一張白紙被揉成團。掃地出門還算溫柔，有些公司把你當成垃圾，踢出門後，巴不得再補一腳踢得更遠。

原本意氣風發卻被當成廢物扔棄，對我所造成的陰影很深、很深，深到即便換新工作，做得好好的，提起這件不光彩的事，心裡還是會有一陣涼意。提心吊膽的情緒日漸變成陰影，但我們都沒意識到這就叫做「創傷」。

第一次被炒，是因為惡意陷害，同行將私人的對話記錄公開，讓我被公司開除。第二次被炒，是新來的主管想找自己信得過的人進公司，百般刁難後，以不適任為由請我當天離開。第三次被炒最難受，我一直很積極正向的面對工作，卻莫名其妙背了黑鍋，雖然有洗白，但心裡對這份工作與試圖抹黑我的主管已產生陰影。

於是我開始害怕上班，主管有意無意的施壓，增加工作量是一種警訊，快要失去工作的恐懼感，讓我完全睡不著。白天又得準時到公司，精神變得很渙散。身體開始出問題，太過焦慮引起腸躁症，腹瀉不停，三個月瘦了快七公斤，聽起來很像瘦身廣告，但完全開心不起來，我瘦到連自己都怕。

向公司提出留職停薪，想請長假休養，卻被一口拒絕，主管說公司不接受留停申請，以組織改組為由，變相裁員，電話裡還不忘提醒說，這是他跟另外一位主管的決定，請我不要去煩別人，自己識相一點。離開前，同事送了一箱「安素」，要我好好照顧身體，後來才知道那是給癌症病人喝的。

#工作與生活的切割

離職就像登出線上遊戲，再多的愛恨情仇、勝負成敗都結束在那個時空，別讓它影響到你的現實生活。

以為失戀已經夠苦了，沒想到失業帶來的打擊更大，連著幾次的離職經驗都非常粗暴，痛苦不亞於外傷。工作能力可以透過訓練來加強不足，或是不斷摸索找到適合的方向，被放到對的位置，有辦法慢慢修正。但非自願離職所造成的心理創傷，卻很難復原。

離職之後，一整個月不跟任何人聯絡，什麼壞念頭都想過，母親打電話來關心，我忍不住嚎啕大哭說：「我沒有不認真，但為什麼每次都這樣，為什麼。」被感情對象傷得很深，大可以很灑脫地說，我不再相信愛情，決定單身一輩子；但被工作傷得很深，你沒辦法任性地說不出門工作，寧願關在家裡一輩子，現實跟經濟壓力不允許我這樣做。

進入社會後，我幾乎把所有的時間跟精力都投入工作，把工作當成全部，一旦引來創傷會更難痊癒。從高處摔下的失落感，是我不快樂的來源。而家人的關心，曾經很喜歡做的事、相處的人，在我低潮時變成最有效的藥方，多虧有這些力量，我才能修復自己，重回職場，一年之後升上總編輯，負責台灣最大的流行網站營運。

這份工作最終因為理念不合，而再次嚐到非自願離職，這是我人生第四次被資遣，但這一回我的心卻顯得平靜異常。

能夠把工作做得出色，代表能力很好，但你是個怎樣的人，不能用工作來定義，真正的你反射在生活裡。

我遇過很多感到痛苦卻開不了口提離職，或是離職後走不出傷痛的人，深怕沒了工作就沒了全世界。太過在意別人的眼光跟評價，而不顧自己快不快樂、喜歡不喜歡這個環境。

無關成功或失敗，你可以熱愛你的工作，但一定要更熱愛你的生活，人一輩子要活得精彩，不能只有工作。工作早晚會退休，生活可是一輩子。要知道因為工作而帶來的光環並不屬於你，真正能發光的是你的本質，跟你對理想生活的種種追求。

被資遣是用比較直接的方式跟你說不適合，並非否定你整個人，最重要的是面對工作與生活的心態。**被壓力擊垮的時候，真正能修復你的是充實而精彩的生活，而不是更多的工作。**

最完美的平衡是一天二十四小時，八小時專注工作，八小時好好休息，剩下的八小時想辦法把人生經營得充實。工作、生活跟休息可以拼成人生的圓，如果這三個點施力得當，它會變成一個正三角形。我們都知道，正三角形的力量是最穩定的，三者平衡的人生才不會為誰所動。

創作是最好的自癒方式，用寫字來治療自己。

「哈囉！曾大豐哥哥你好，我是C，是你網誌的小粉絲。很遺憾無名小站就快關閉，冒昧請問，會將這個充滿回憶的地方搬家，還是就此關閉？可以的話，我希望能留下那些回憶。」

無意間發現這則被臉書擋掉的陌生訊息，擱置一年多，對方是一位素未謀面的大學生。當下我立刻回覆，兩人很快地就搭聊起來，果真是無名年代的讀者，能叫得出曾大豐的人肯定稱得上老朋友，連網友也不例外。C把他手機記事本的截圖傳給我，是我十多年前寫下的憂傷心事。

成長的苦多來自不被理解，缺乏智慧和世界溝通，帶著原生環境給的刺，處處與人為敵；沒人教我如何排解情緒，受了傷應該先想辦法止血。

網友留著的文字，其實是我的哭聲。大學時期一段被惡意排擠的苦日子，當時的我，所能想到的都很負面。被黑暗壓到快窒息的時候，突然眼前一陣閃爍，桌邊亮起舊式檯燈會有的昏黃燈光，懸著一條長鍊讓我拉著，不至於墜落。知道我還有路可退，不被理解的感覺不是沒有遇過，不斷地用寫作當成發洩。部落格是我的心靈窗口，從網友的回應知道自己有人在乎，成長過程裡我總是這樣寫著、寫著，再怎麼難過也都能撐過。

「萬福佬好久不見，還記得我嗎？這是我的第一本書，特別想跟你分享。這些年我一直沒斷過寫作，希望沒讓你失望。」

教師節前夕，我把上一本書寄到高雄給曾經的國文老師，為求慎重，甚至先打好草稿，算好行距跟間距，畢竟紙短情長，畢業二十年有不少心裡話想說。國中三年實在很不好過，被送到以升學主義為主的私立學校，進入知識墳場，考不好就要受罰，比不過就得被數落。於是考試成了惡夢，成績一落千丈，變成導師眼中成績差的壞學生，處處針對並藉機體罰，將我分配到教室角落的位置，禁止舉手發表意見，以免干擾其他好學生上課。

成績差就像是一種傳染病，一個人的優劣完全以分數論定，導師鄙棄、同儕排擠，回到家爸媽也不斷地指責我不夠好、不爭氣。我在學校哭，回到家也哭，總是靠在窗邊思考著，究竟幾樓才算高，能夠一次了結。不知自己為何而存在，也不知該往哪裡去，多虧有陳老師開書單、教我寫作，緊緊拉著才總算撐過去。

每當他拿起作文簿，大聲朗誦我的文章，僅有幾秒鐘的奚落掌聲是如霧霾籠罩的歲月裡，唯一一盞替我打亮的燈。我倚靠著那微弱的火光，在文字的世界裡重生。

成年之後受的傷，大多來自於人，有人的地方就有是非，面對排擠、攻擊，要能建立屬於自己的安全感。

如果沒人願意傾聽，我就用書寫和自己對話，可以是散文，可以是歌詞。用文字詮釋心情的過程，如同將糾結的思緒按下重新整理。並不是所有人遇到險境都懂得抵抗，被惡意加諸在身上的痛苦，一點一滴侵蝕掉生存意志，能修復自我的方法是創作，可以用文字、圖畫、影像等任何形式的媒介，建立屬於自己的安全感。

「世界以它的痛苦吻我，卻要我回報以歌聲。」——泰戈爾。**用最溫柔的方式回擊別人加諸在你身上的痛苦，和平不需要鮮血來換，轉化成創作再**

激勵更多有相同處境的人，是回報世界最大的善意。

我看不懂迂迴，也不擅長照顧到每個人的情緒，急著把所有心事都攤開講，渴望別人同樣直來直往，卻總是事與願違。後來，再回頭看當時寫的日記，原來我的問題是過度自我，多年後收成親手栽種的果，能用讀者視角看相同的灰色心情，未來的我被過去的自己治癒，如同C仔細留著的文字，我曾經的創作，及曾經美麗與不美麗的心情。

#治療自己

當被黑暗壓到快窒息時，找出自己的心靈窗口，即使是簡單的書寫下當時的情緒，也能慢慢的修復自己。

第二次成年，是終於能夠說到做到。

二〇一六年末，我做了一件就算失智還是會念著的事。

談完離職的那個晚上，我煩躁到失眠，腦海裡不斷想著：「接下來呢？」想著想著乾脆就不睡了，不如重寫一份自傳、更新履歷，打開求職網站編修工作經驗。意識到前腳根本還沒走，做好收尾比較實際，從上班第一天開始，不管從哪個切點看，手上的事還真不少，光是交接就要耗上三天。勞碌成性的我，急著找事情給自己做，獲得全面自由是焦慮的開始，只因我認為把日子過得清閒，不該在三十出頭的年紀。

於是開始回想，有沒有一件事是一直想做，卻始終沒時間去做的。

不知道哪來的勁，果斷買了一張飛往法蘭克福的機票，選在十二月中出發，趕得及跟表姐一家過聖誕節，其餘時間就到鄰近幾個城市走走。將往後三個月的行程排完，心裡特別踏實。隔天星期六，我起了個大早，奶茶才喝一口，發現搖滾樂團「Green Day」釋出巡演訊息，而且就在今日開賣。倉促解決早餐，趕緊衝回家打開筆電，抖著手搶票，成功買到二〇一七年一月底柏林場的門票。

「在Green Day的演唱會吼到沙啞」是我老早就設定好的人生清單，如今終於有機會實現了。出發前特地發一封招呼信（Hello Mail）給民宿主人Philip說明來意，他不解為何會有人想在彷如死城的季節到訪，甚至建議我夏天再來。兩個月後，我順利抵達到柏林，他頭一句話就問：「你從台灣來柏林，只為了看Green Day演唱會？」

#圓夢

人生清單的圓夢計畫，可以分段進行，每完成一件，就像就在心裡放一次煙火，在過程中感受到生命的精彩。

演唱會當天，一進到會場，我便不斷四處張望，心情很嗨但無人可以分享。旁邊是一對情侶，前面是一對父子，突然燈光一暗，氣氛隨著觀眾節拍同步升溫，一道強光打在主唱Billie Joe身上，他高舉右手指著全場大喊：「Everybody, Stand up!」，看過成千上萬次的表演片段，沒想過有一天我會成為影片下方，其中一個黑壓壓的腦勺。

唱到成名曲〈Basket Case〉，前方一對父子站到椅子上瘋狂甩頭，進到副歌，右手邊的情侶轉頭作勢要合唱，突然間我跟他們變成一夥，甩開包袱站到椅子上一起甩頭，用全身的力氣吼著、唱著。我亢奮異常、眼角泛著淚，說不上有多感動，離場後直奔地鐵回到住處，一路上，雙腳都還是浮浮的，感覺很不真實。

我雖然膽子大，但其實個性比誰都謹慎，不允許自己冒險，哪怕是四十九對上五十一的機率，一定是毫不猶豫選擇比較容易成功的做法。人生所有的決定都是，每一步都想踏得穩穩的，從不靠著感覺走。唸書的時候拼命往升學率高的學校爬，選科系的時候便考慮到就業，選工作的時候更顧及待遇，換跑道的時候得要想得更遠。說穿了是沒勇氣承擔失敗，像這樣在失業的時候跑到德國看演唱會，不留後路的任性從沒有過。

每個人一定要有人生清單，而且必須是不可能立刻辦到的事。

人、事、時、地、物，越清楚越好。旅行，去哪旅行，到當地最想體驗的一件事，季節時分都寫下來，就像是個錦囊能為你指引方向，一旦迷茫，就去找它。

那一年我三十二歲，努力做好一個盡責的大人，每件事都得顧及到別人感受，認為懂得替未來打算，面面俱到才叫成熟。我一直在猜別人在想什麼、要什麼，一有機會便毫無保留地給，卻忘記順從內心，為自己勇敢。當時的我拿到一筆遣散費，要是把它留著，肯定不會想那麼快找新工作，在最慌亂的時刻自斷雙腳，才有那股狠勁往上爬。既然敢那樣做，就有走到死路也要衝破的決心。

那天，好久不見的老友R，從上海飛到台北度假，到新公司報到前的空檔，我給自己放了一個月長假。我們約在一間老牌的台菜餐廳，一碰面就看得出她有些迷茫，連忙問我：

「現在你生活的動力是什麼？是賺錢嗎？」

「不完全是，有錢吃飯就好，我一直都不是想追求富有的人。」

理性歸理性，真實的我可是一個不折不扣的理想主義者。從上一份工作離職後的茫然失措，到此刻每天有忙不完的待辦事項，我回她說：「**太遙遠的事我沒辦法想像，只要能夠踏實地完成每個微小心願，不偏離理想就已滿足。**」

我的人生清單不寫一輩子的事，會分成一年、三年跟十年，各自區分要做到的十件事。每完成一件，就好像就在心裡放一次煙火，在過程裡感受到生命有多精彩。萬一失敗，再來過就好了，還有很多事情值得被期待，更何況我正在努力著。

在最絕望的時候給自己希望，你會越來越喜歡有勇氣實現的自己，既踏實又激動，這就是很多人一直在找的人生動力。

結束那段如夢境般的旅程，我發現自己長大不少，能夠開始正視問題。回國後經過評估、抉擇，付諸努力後，才有脫離舒適圈、重新來過的決心。圓夢是為了能做更大的夢，演唱會的片段一直存在我的手機裡，時不時會點開來看，這件失智前想記得的事，成了我這幾年逆境求生的力量。

也讓我終於體認到真正的成熟，並非盲目迎合或刻意表現，而是有本事去承擔後果，能突破自我的勇氣，而那股勁的源頭就是「說到做到」。

最土俗的口音反而特別，模仿得再像還是模仿。

記得剛上台北沒幾年，曾碰到一群新朋友當著面模仿我的「台南腔」，每句話的結尾都刻意加個「膩」，在不合理的音節尾音上揚。還問我的老家有沒有養牛，煮飯是否還得燒柴，帶著嘲弄的口氣，玩破冰遊戲時，一群人起鬨要講出對每個人的真心話，輸家指著我：「土，就是土。」

旁人發現氣氛不對，趕緊打圓場說：「土壤孕育出生命萬物，他是在說你很有包容力。」當下氣氛很僵，但卻必須裝作不在意，順著對方的玩笑開下去，場面才不至於尷尬到無法收拾。回到家後心裡十分難受，花了好長一段時間練習咬字，改掉鄉音，讓言行舉止看起來像個台北人，模仿他們的日常，才能融入其中。唯有這麼做，被歸類成異類的我才會好過一點。

一個人隻身在異地求生，最害怕不被大環境所接受，無法融入的恐懼驅使我不斷揣摩別人的習癖、價值觀跟生活方式，好掩蓋掉身上的成長痕跡。口音是《哈利波特》分類帽，自以為這樣的努力才能不被當作麻瓜。

某一年，回老家過年，跟母親到傳統市場採買食材，南部鄉間的人情味直來直往，我沒意識到在都市裡的偽裝還在，菜販阿姨找錢的時候隨口一句：「阿弟，你是哪裡人？聽你的口音不像台南人。」讓我不曉得該哭，還是該笑。

自我認同是一段很辛苦的過程，無法融入的恐懼讓我想盡辦法揣摩別人的生活習癖。就像《幸福綠皮書》（Green Book）裡的黑人音樂家唐薛利，當他在健身房被陌生人打到滿臉是血，瑟縮在牆角發抖時，鏡頭中的他

#獨一無二

每個人都是獨一無二的個體，不需迎合任何流派的價值觀，越刻意反而越顯愚昧。

無助地問司機東尼說：「如果我不夠黑，也不夠白，又不夠像男人，那麼你告訴我，我到底是誰？」

「是啊，我到底是誰？」終究我模仿得再像，都不是他們的同類。

該對抗的不是別人的眼光，而是自己的內心。屈服主流作出的所有改變，無形中顯露自卑。

遇到類似的事，我會把話鋒轉到相互包容，用輕鬆口吻找出兩地發音的差異，討論語言的文化性跟生活場景，甚至幽自己一默。我很清楚自己的出身，也為此感到驕傲，同時也能理解對方的不理解，平心靜氣的解釋，散發出能夠尊重不同文化的情商與高度，就是最理性的反駁。

出身是既定事實不會改變，或許可以從中聽出地域性的主流意識。日本節目裡常取笑關西腔，美國人則愛拿南方口音來做綜藝效果，讓人誤會似乎只有特定地區的官方語言，發音才是標準。再回到台灣，台灣話雖然是福建話的延伸，但台灣人跟福建人用方言對談，還是有不少雞同鴨講之處。小小一座島嶼說著共同語言卻有著不同腔調，分成北、中、南不夠，再分東跟西，一開口就知道是否為當地人，有台中腔、台南腔跟原住民腔，其實還挺可愛的。

從語言學的角度來看，沒有口音是不可能的，更沒有所謂正統、不正統。一個人說話的方式、抑揚頓挫跟語調，需要長時間養成，它是一種標籤，但跟血統優劣無關。我曾訪問過一位台灣女星，因為北京腔風波受到網友抨擊，她坦承因為想「接地氣」，所以改變了說話方式。

某天，我把女星的回答轉述給一位上海朋友，對方說：「沒用啊！我還是聽得出不自然，只有她自己覺得接地氣吧？」模仿終究是模仿，除非投胎換個生長環境，靠著後天訓練，要說得出發音純正的當地語言，其實是天方夜譚。

語言學家Roberto Rey Agudo曾說過：「我有口音，你也有。所以我希望你喜歡我的口音，就像我喜歡你的口音一樣。」

老外就是老外，就算中文講得再好也聽得出來是老外，除非土生土長，否則刻意要揣摩特定的腔調，反而在當地人眼裡顯得不自然。一個人是否值得尊敬，絕對與出身無關，要是自己都不能夠接受自己，又要別人如何認同？說哪裡的口音不重要，重要的是你說了什麼。

向大腦提取一次快樂的記憶，複習它再複製它。

當兵時，因為長期的睡眠障礙引發自律神經失調，被長官送進醫院療養。住在精神科的病棟難免惶恐不安，我時常一個人在走廊來回踱步，想把時間消磨。每天早上九點，我會梳洗好坐在床邊，期待醫生准許我可以出院，就這樣等了一個月，藥丸卻越吃越多。

那年我失去很多，於是決定心一橫，到學校辦休學（當時半工半讀）。打電話到區公所申請提前入伍，跟家裡說：「這樣耗下去不是辦法，我先去把兵當完好了。」過沒幾天，就把一頭漂色的頭髮給剃光，收拾行李回老家，準備參加一場為期一年的意志戰爭。

在部隊裡，我話不多，每一件事都很用力地做，試圖用勞累蓋過腦中蔓生的千頭萬緒。撐到新訓結束，放假第二天接獲好友驟逝的消息，倒抽的那口氣就像一陣落山風，手腳不自覺發冷。我搭車到靈堂，看著前幾天剛好聊到的人，如今變成一張微笑的藍底照片。才二十四歲，怎麼會是他？告別式前一天，我必須收假回軍營，差不多是送行的時間，我在大熱天裡操練刺槍，刻意把鋼盔壓低，遙想著自己若能送他一程該多好，連眼淚都流得戰戰兢兢，難受的心情只能用擦汗來掩飾。

如果一個問號是一道缺口，這些想問的、來不及問的，腦袋早已百孔千瘡。我像隻貪食蛇，天一黑便開始不斷地鑽，找不到出路就越想越慌。住院的日子裡，雖然有藥物的幫助，但仍會在半夜驚醒，醫生問我：

「睡不著的時候你都在做什麼？」

「想事情。」

「想什麼事情？」

「檢討自己為什麼會這麼失敗。」

小時候受的委屈、長大之後體會的殘酷現實，全都在那段時間蜂擁而上，還沒準備好面對生離死別，也還沒有能耐吞下失敗的苦果，像是一杯已經很滿的水，突然投進一顆大石，整個人徹底崩裂。我不知道自己怎麼了，想好好睡一覺竟有這麼難，非得要住在病院裡，哪也去不了，也沒有人可以傾訴，任人擺布的感覺讓我的焦慮症越來越嚴重。

最後院方判定停役，回到傷透我心的台北重新開始，得到一份新工作慢慢將生活轉正。我戒不掉回憶，比誰都要念舊，珍惜與每個人的交集，每張合照都會細心標註日期，手機裡的照片對我來說特別珍貴。就在一次送修，手機記憶體被迫重置，二〇〇九年到二〇一三年徹底丟失，人生硬生生被扳掉一塊。

#複製快樂

大腦只要體會過一次快樂的感覺，就會不斷地想重複。從所愛的人事物裡煉出興奮劑，瘋狂地感受它，是生而為人最美妙的一件事。

出院之後，將近兩年的時間我積極尋求身心治療，不定時回診做心理諮商，接觸宗教也試過催眠，一直想找到不快樂的源頭。不能說絕對有用，但也因為一次又一次的剝除防備、交出自己，才曉得經年累月的傷痛積成了病，在學校、在家庭、在職場、在社會上所受的痛苦，全都往肚子裡吞。我所謂念舊，不過是不自量力地把好的、壞的全部扛著，像一頭虛弱的駝獸，口吐白沫倒在沙漠裡，肩頭的重擔還不肯卸下。

對於無法改變的事實，不再鑽牛角尖，沒有人會想要自己不快樂，多想等於在鞏固它。

情緒無時無刻都在產生，快樂的感覺被簡單化，不快樂的原因被複雜化，腦容量超載，身體負荷不了，該休息的時間也不肯放過自己，我終於找到失眠的源頭。**向回憶告別，並沒有想像中殘忍，那幾年快樂與不快樂，都沒有半張照片可以觸景生情，新的記憶不斷發生，過去的事在腦海裡不斷風化**，有時候剩一個名字，有時候連五官都很模糊，我能留的，就只有好事。

何不灑脫一點，拋了吧！快樂的記憶很強烈，它就像一道強光，很短促地，而不快樂的記憶總是灰暗，細細密密地鋪成陰影。

睡不著的時候，我會從腦袋裡揀一件開心的事，放大它，但不描述它，最重要的是結果。若是失戀，我總會用其他人給的快樂轉移；跟父母口角，我會想著另一個曾讓我開心的人；工作不順，一定會有其他地方給過我成就感。和某個人在某一天的某件事，渴望再感受一次類似感覺的念想，期待著明天、後天，甚至不遠的未來，就足夠扭轉頹喪心情跟焦慮，讓自己安神。

你的成功或失敗，和其他人無關。

失敗的時候，最難受的是期望落空，而期望來自勝負心，成也敗也。

高中聯考考國文科時，信心滿滿留了將近七十分鐘的筆試時間給作文，題目是「朋友」，洋洋灑灑寫到第二段突然停筆，思考幾秒，開始用修正帶把將近三分之一張的考卷慢慢塗白，重新來過。最後交出一篇足以編進考古題範例的作文，文章結構和補習名師考後解題的方向雷同，臨陣換打一張安全牌，四平八穩地瞄準公立學校的前二志願，機率坐二望一。

聯考成績公布，滿分六十，但我的作文分數只拿到三十分。好不容易熬過地獄般的私校三年，為了這一天忍受了多少體罰，沒料到陰溝裡翻船。放榜那天，看見自己名字落在第三志願，我拿著那一頁報紙躲回房間，呆坐在書桌前吃不下晚餐，耳邊揮之不去的是爸媽那句：「國中三年都讓你去唸私立學校，怎麼還會考成這樣？」

二十年過去，幸運也有、低潮也有，在起落之間，時常想起在考場急忙塗改考卷，那個求勝心切的背影，爭什麼？人生還這麼長，何必急著論定成敗於一時。

可惜事與願違，勵志好像一道詛咒，當周遭的人都在告訴我，跌倒趕快爬起來，眼淚不能流太久，一定要堅持下去拚到最後。很多時候不衝也不行，背後有無數雙手推著向前，而我總在半推半就下，去成全所有要贏過別人的念頭。

#把喜歡的事做好

最棒的結局是做著一件喜歡的事，而有所獲得，能無憾就是成功，跟其他人一點關係都沒有。

淘汰掉其他競爭者，順利通過測試，還不算大功告成。唸到大三才發現選錯科系、進入社會之後被喜歡的工作拋棄，也做過很多不適合自己的事，對於凡事都如此用力的我，努力錯了方向，豈止懊悔。回過頭檢視自己才發現，人生大多數的決定都來自比較，想得到就得擠過一道又一道的窄門，但門後一個又一個遼闊的世界，才是真正精彩的部分。

贏，不是一條拿來走的路，
成功跟勝負無關，
而是一件事情如預期中圓滿完成。

勝負不過是根針，扎在人生的地圖上不痛不癢，享受過程不是給輸家的安慰，而是參與其中的人都要清楚自己做每一件事的目的性。唯有如此，才算獲得。

「每一次上台都是練習，為了成為更耀眼的自己。」

那天，我到高雄擔任學生競賽的評審，有幾位求勝心切的參賽者最終落敗。成績公布前一刻，我想起當時積極卻又不得志的自己，寫下這段話，悄悄地遞給負責總講評的老師代為傳達，唱名結束，從背後的啜泣聲，就知道我的擔心是對的。

從小到大，我都是電玩白痴，五塊錢、十塊錢的硬幣投下去，滿腦子只想著要再撐久一點，紅遍大街小巷的格鬥遊戲《快打旋風》（Street Fighter），總被譏諷是弱者，我清楚自己沒這個本事，青少年時期很需要同儕，不想失去參與感，還是跟著一起玩。但我的成就感不是扳倒對手，而是能纏鬥多久，尤其碰上高手，能多打個兩拳就心滿意足，不枉我把買奶茶的錢拿來換一局。

從小被灌輸要贏，而且要贏得漂亮，為求人盡滿意，總顯得汲汲營營。過去一整年，我花很多時間理解神性與人性的差異，還沒辦法做到無所求、無差別的境界。**但我非常努力學習放下勝負，讓喜歡一件事的念頭單純化，練習冷漠；遇上曖昧的、感性的情感面，能夠不失條理地做到妥善處理**，太多溫情堆疊反而複雜，我其實應付不來。

持續下墜的時候，我會嘗試拆解每件事的本質，不快樂，是因為想要卻得不到。該得到的不該是輸贏的感覺，或許一開始就設定錯了。太輕易到手，反而容易迷失，高明的人生玩法是追求熱烈的參與感，用無數的經驗疊加，鋪一條密實的道路。站在機台旁邊親眼看高手使出困難招式，俐落破關，是輸是贏都同樣入戲，同樣開心的不得了。完賽過後，考驗才正式開始，這就是遊戲跟真實人生的差別，**經營比輸贏重要多了，之於人生，是一段過程和一次瞬間。**

關於自己

透過周遭的人、事、物，來察覺到自己的存在，稱為「自我」；讓承受自外在的眼光定義了內在，那叫「失去自我」。

群體與個體是相對存在，不需要誰遷就誰，人的心是一塊磁鐵，能吸引到另一個頻率相近的人。將得與失的感覺內化，從苦與樂的循環漸變，穩定是一種力量，能成就更強大的靈魂。你好，世界就好。

在眾聲喧譁的紛擾裡，獨處是必然的對抗，或許，我們從未真正認識自己、欣賞自己。

Chapter 5

甩開網路人際包袱，理性退群吧！

社群上所看到的美好，都是經過修飾而成，
努力追趕他人，不如自得其樂地活著

生活公開沒什麼，但別輕忽網友的超譯能力。

還沒決定成立自媒體拋頭露面之前，我一直是重度的社群使用者，在網路世界裡可以把平時刻意隱藏的性格解除封印，享受當一名直來直往的人，進到虛擬空間反而自在。任何論壇形式的討論區都是我的祕密花園，星座、香氛、搖滾樂跟獨立電影都留有足跡，用化名發表看法，同時也能在不知道對方是何許人物的狀態下，交換意見的同時也願意傾聽不同觀點，若是碰到合拍的網友我會異常激動。

藏鏡人心態一直到交友類型的平台崛起，才開始有些改變，不光交流，更想交友，「讓別人知道你是誰」似乎變得很重要。二〇〇七年我申請第一個臉書帳號，當時沒有資安觀念，在個人檔案把身家狀況交代得清清楚楚，求學過程念的學校、做過哪些職業、公司名稱、報到跟離職的時間列得相當完整。好友人數從兩千衝到五千，抱著開放心態，只要想認識就互加好友，沒意識到找一堆陌生人來家裡開趴的危險，以為經營個人社群是人多熱鬧就好。

人一多，干擾也多，過多且不必要的交流占去太多時間，遇到語氣誤會還得解釋半天，不如拿來跟生活中的朋友互動，順暢多了。**想從網友變成知心朋友，就好比是買彩券，中獎機率不高，稱不上是一項很好的人際投資。**有幾次遇到在網路上聊得投緣的人，試著把關係拉到現實卻成見光死，跟新朋友磨合很累，倒寧願好好守著原來的舊朋友，其餘隨緣。網友索性就擺著，有緣再見。

加密功能尚未出現之前，我一直不覺得把生活公開會有什麼問題，沒料

#好友名單

回頭檢視在網路上所有的「好友名單」連結，究竟有沒有必要，試著定期刪除鮮少互動的「類」朋友。

到看似布線廣闊的人際關係全是虛擬，好友數字像是一碗很濃厚的迷湯，在毫無防範的狀態下引火自焚。

有過一次慘痛教訓。我在微信的朋友圈分享了一張朋友誇張的睡相，卻忽略對方公眾人物的身分，隔天被杜撰成不實新聞，我驚訝到說不出話來。朋友圈的動態僅有朋友可見，但我當下沒意識到微信上的聯絡人不單純是朋友，照片外流卻無從追查起。失去這個人不是最痛的，而是無心之過為別人惹來麻煩，整整有好幾天都得為不實新聞消毒，造成彼此巨大的困擾，就算再有肚量的人都很難覺得沒事、打從心底不計較。

無論再怎麼努力還原，網路跟現實的界線永遠存在，讓不完全信任你的人存在身邊，很容易產生逆火效應（Backfire Effect）。面對事實，原本存有相反觀點的人，不但不被說服，反而還更堅持己見。

網路好友關係不真實，對立都來自於無法相互瞭解，即便是真相也會被超譯，別高估陌生人的判斷力。

即便我願意相信每一個人，但多數人未必願意相信我，人跟人之間需要花時間累積信任感。因為一時無知讓門戶大開，反過來，我的一舉一動都被監視著，抱著懊悔的心情被迫結束這段人際關係，在朋友面前抬不起頭的感覺確實很糟。那一刻起，我回頭檢視在網路上所有的連結，究竟有沒有必要，定期刪除鮮少互動或僅有一面之緣的「類」朋友。

剩下來的「好友」必須重新分類、編列名單，誰是點頭之交，誰是工作上的朋友，而哪些人做過哪些事，足以納入親密關係。要發動態之前，還得考慮誰才有權限觀看，搞得我身心俱疲。但不做這些又沒辦法心安，費了很大功夫才曉得隱私有多重要，老是嚷嚷著為人坦蕩蕩，選擇把所有生活公開沒什麼，但看圖說故事的旁觀者還是占多數。

想納入生活裡的朋友，絕不會只透過網路來瞭解對方。虛擬成分太高就叫不真實，形象很容易造假，真實的我們並無法從幾張照片，或用三兩句話說完，即便把最粗糙、最狼狽的一面，赤裸裸地展現在世人面前，但各自解讀方式不同，往往會引發不必要的爭議。**網友肯定是一段關係的開端，但很多時候卻並非我們想的那般浪漫，嗜血無情大有人在，要學著自我保護。**

負評不過是在告訴你：「有個人是這樣想的。」

美國的脫口秀節目《Jimmy Kimmel Live》裡，最有名的橋段是：「Celebrities Read Mean Tweets」，讓名人唸出推特（Twitter）上的網友批評，考驗修養跟臨場反應。有人表情尷尬、有人一笑置之，但就是等不到這些人生氣，猜想是攝影機正在拍，不至於讓真性情在眾人面前顯露。在雜誌工作的時候，每當訪問到爭議性高的藝人，我總會在最後問：「你怎麼看待負評。」做球給對方平反，順便看看別人如何展示高情商，做為借鏡。

以為自己見過大風大浪，心理素質夠強大，可以像這些大明星用第三人稱的立場，將負面情緒四兩撥千斤。直到有天，一則衝著我來的書籍負評，看完之後終究還是在意了。

「很多地方都能看出作者井底之蛙卻又自以為是的人生觀，非常不推薦。」

那一晚，我失眠了。反覆想了又想，這本書究竟有哪些詮釋失當之處，會讓這位讀者如此失望。原來我沒想像中那麼理性，高估自己的修養，沒辦法像大明星們面對負評時強作鎮定。反過來檢視作品，這本書用過往的工作經驗作為反省，敘事使用中性口吻，卻成井底之蛙，真心建議卻在陌生人眼裡被認定為自以為是，很難不洩氣。

於是我開始拆解這句話背後的用意，往最壞的一面鑽，其實蠻難受的。難受的是怕買了書的人被誤導，而我卻自以為給了中肯建議；更怕他們讀完文章用錯方法，讓那些不願再走的辛苦路子，變得更險惡。好心卻害到別人，並非本意。

忍不住問身邊幾個看過書的朋友說：「先撇開是我寫的，以讀者角度看這本書會覺得它很廢嗎？」見對方遲疑兩秒，趕緊補一句：「難看在哪可以直說，不用怕我不開心。」我開始像個心情飄忽、沒有安全感的小少女，瘋狂問另一半到底愛她哪裡，逼著他們講出殘酷的真心話。以往都是安撫別人的角色，這一晚，換成朋友們為我操心。

社群時代的每個人都是公眾人物，若不是造謠毀謗，面對惡毒言論臉皮厚一點並非壞事，只是心理狀態不佳時可別強作大器，硬要將帶著刺的評論吞下去。**負評未必是酸民給的，但酸民肯定是想趁勢痛擊，你越是在意，就越如了他們的意，心態就像脫口秀觀眾等著看名人崩潰。**

好友S作風大膽，時常在網路上有驚人之語，曾經是談話性節目的固定

#面對負評

換個角度思考，與其試著據理力爭，不如在心裡句點，用你的善包容他的惡，無非是一種雅量。

班底。十幾年前還沒有網路霸凌的反制風氣，自己的照片被貼到論壇遭陌生網友攻擊長相，一度得到人群恐懼症，一跟路人對到眼就下意識閃躲。從地獄爬出來的她告訴我：

沒有負評的人生一定是太無聊，別人連講都懶得講，一件事本來就有正反意見，有人稱讚，就會有人看不順眼。

一件事的起頭在於自己，結果因人而異，成年人要能分得出來誰是毫無根據的惡意批評，而誰又只是說話不中聽，但確實想要你變得更好，才會口不擇言。

那幾天睡不著的時候，質疑自己是否做了錯事，甚至想過就不要再公開發表文章，以免惹來非議。所幸因噎廢食的念頭沒有太久，像S遇上如此不幸的慘況都能轉念，被匿名言論群毆過後浴血重生，而我不過是一次小擦撞，又何必消沉。回頭看這些文章，還是可以觸動到心裡某塊地方，對這位網友來說，指出作品仍有很大的改進空間，是想引我到更遠的地方，把話反過來聽其實是好意。

想著想著，好像有舒服一點，沒有攝影機對著，也沒必要對誰掩飾失落、強說不在意。想做的、想說的還很多，寫作這件事不應該因此停留。情緒重新整理過後，我對於這條評價已能用一種：「謝謝你，我知道了。」的態度面對，不合心意的評論是另一面的想法，只是在告訴你：「有個人是這樣想的。」要練就無欲則剛之力量，得先有海納百川之氣度，能與負評共存的人都是網海裡的不死身。

網友稱讚像餵毒，讓人活成他們喜歡的樣子。

濃眉大眼的R是朋友裡最有偶像包袱的一個，從早期的奇摩交友跟無名相簿，到近代的Instagram都有著超高人氣。每次一夥人去夜店，他光是站著不動，就會有一堆陌生人過來打招呼想認識他，到哪都自帶光環。那晚，他緊抓手機，眉頭深鎖似乎有大事發生，很想幫上一點忙卻又不敢貿然打擾。過了一會兒，耳邊傳來一句：「好煩喔，我的照片又在交友軟體上被盜用了。」

我笑著問他：「要是以後沒人想盜用你的照片，你會有失落感嗎？」見他硬把隱隱上揚的嘴角給壓下，就知道**網友的正面評價可以是一種興奮劑，帶來短促又帶著力道的鼓舞。**

某天，大家約在信義區一家常去的咖啡廳，R穿著一件垂墜感的灰色上衣來赴約，不規則剪裁像胸口縫著一塊高級餐巾，很難不多看兩眼。吃飯吃到一半，同桌友人先打一記擦邊球：「你這件上衣好特別，哪來的？」

我乘勢再補一句：「好不像你會穿的衣服。」

話題繞足好幾圈，就是沒人敢說出不適合，好奇究竟是誰給R勇氣，穿成這樣走進台北人聲鼎沸的鬧區。果真是網友，只因陌生人一句：「你穿衣品味很好。」所幸，這件衣服之後再也沒看他穿過。

灰衣之亂結束，連逛街扛一袋衣服都嫌手痠的R，居然加入健身房，高調宣誓要往肌肉男路線邁進。因為一張露出肩頭的背心照，被網友大讚好看，為符合普世期待，R決定把身材練結實一點，上網團購高蛋白，眼睜睜

#獨一無二的自己

我不喜歡聽到別人說：「做自己」，自己就是自己，不需要刻意做出來，獨一無二就是最強大且最難取代的魅力。

看他拋下泡芙身材的我，頭也不回。自從那一天起，這場以R為主角的實境秀正式開播，遊戲規則是粉絲說了算。

一個連爸媽的話都不太聽的人，卻在網路上任人擺佈，活在陌生人的集體意識裡，追崇關注，深怕不被喜愛，失去被注目的感覺。R的自信有大半都來自網友評價，周遭朋友總是忠言逆耳，勸不動也提醒不得，整個人好像著魔般，追求被動式的人物設定。

社交媒體上的我們應該是什麼模樣，
自己卻無法作主，
那是一件多麼弔詭的事。

人氣是看得見的肯定，但現實中所感受到的愛，卻是沒辦法量化的，很多社群成癮者的思維是數字導向，不容易察覺抽象、細微的情感交流。當你難過時，所有愛你的人上前擁抱，遠不如網友的一句加油來得溫暖，把經營生活的選擇權放給看得到、卻觸不到的網路人際，人生終將傾斜，為別人而活是多麼不酷的一件事。

社群把陌生人的距離拉近，一群人窩在小角落的安心感強過一切，但它產生一種錯覺，在這小小螢幕裡，我們拼命地掏心掏肺，就好像是全世界。透過密集交流，無形間將相似的觀點匯流在同個頁面，久而久之，集體意識產生，認為討論度高就一定是好，穿著、妝感、髮型，甚至拿的包包跟拍照動作，都得擺出有個樣子，一種普世美感該有的樣子。

走一趟花市，你會發現自然而然地生長，是萬物最美的姿態，人工感太重的盆栽總是俗不可耐。**稱讚不過是另一個人的感覺，他喜歡你這樣做，不代表就是絕對的好，好與壞在於合不合適，視角因人而異。**多數人認同的美感往往平庸，大量複製的生活方式聽起來多無趣啊！

網友並非真的認識你，能給出的建議就算再中聽，頂多只有參考價值，這些讚美終究把R的外表形塑成主流，早已不是我認識的他。而所謂主流，不過是大眾眼光的最大公約數，並不是最理想的答案。要毀掉一個人最快的方法就是不斷地讚美他、迎合他，製造出虛榮感的幻境，讓人迷失其中，盡情展露缺點，職場上有一套最惡毒的戰法叫「捧殺」，為了活成網友喜歡的樣子，把原來的自己給拋棄，換來一個跟別人差不多的人生，值得嗎？

甩開沒必要的人際包袱，理性退群。

好友W辦了一場生日派對，把確定參加的人都拉到同個群組方便聯繫。跟壽星算有一點交情，自然沒排斥認識他的朋友，一進到裡頭發現有不少人彼此熟識，便自顧自得聊起來。十幾個人你一言我一句，開個會出來就有上百則未讀訊息，沒有主場優勢，話題時常跟不上的我便很少發言。

聚會當天的氣氛挺好，跟群組裡的人聊得很開，酒酣耳熱後的我卸下心防，開始吐槽別人，說起話來口無遮攔，一整個晚上把大夥兒逗得哈哈大笑。很快地，便從邊緣人被拉到主線，成為他們口中很幽默的威廉，只要有好吃、好玩的局都不忘記特地約我，想起來挺窩心的。

生日會的結束成了這群人感情的開端，轉為以W為首的小團體，平時交流生活瑣事，大至國家政策，小至在捷運站看到帥哥都會第一時間發到群裡討論。既然被劃為自己人，不僅同甘也要共苦，幾個人七嘴八舌攻擊同個人的力道很是驚人，平時說話大聲的人老愛挾持風向，偶而有反面意見，很快便被多數人擺平，能聊天的就那幾個，其餘則選擇默不吭聲。

有聚有散是人際關係的自然法則，聯誼性質的感情通常有段蜜月期，等到稍微熟悉之後，裂痕便慢慢產生。沒有太深厚的信任基礎，所以禁不起一丁點風吹草動，沉默的少數逐漸鬆動，很多沒辦法在群組裡直說的事，就會再拉出其他對話框一對一的大肆抱怨，負能量也能交到朋友，那些以為只有跟一個人說的話，當然也絕對不會只有一個人知道。

真正的朋友是可以暢所欲言，不必擔心衍生紛擾，能聊幾句話知道對方始終牽掛，就已足夠。

幾個月後，W跟其中一人吵架，把幾個親信拉到新群組。原本興高采烈聚在一起的一群人，有如細胞分裂、增生，眼皮底下已經有三個群組，看不到的地方想必更多。相處到後來根本不算熱絡，我卻同時深陷好幾場的人情角力，以致於對這幾個新朋友的感情急速冷卻。輾轉得知被認作一丘之貉，搞得其他人必須跟我劃清界線，事實上我根本沒搞懂發生什麼事，也不想懂。

「我的群組太多，工作一忙時常錯頻，就先退出囉！」留下這句話，我一口氣退出所有相關的群組，像剪去一頭又染又燙、髮質嚴重受損的長髮，回歸簡簡單單的狀態，輕鬆到不能再輕鬆。

一點開通訊軟體，總有數不清的群組已成死局，突然發起話題都覺得尷尬。**心腸軟弱的人最常進退兩難，深怕落人口舌，但很多時候人際包袱是自己硬扛，交朋友不該出自於遷就，一段關係的決定權操之在己。**

往後人數太多、缺乏感情基礎的聚會型態群組我一律婉拒，群組真正的作用是用來聯繫不易見面的真情，而非用八卦、碎嘴來填補空虛，過多無意義的訊息就叫打擾，用不著自討苦吃。

定時清理失聲的對話框，掃除沒有存在意義的網路人際，反而會讓關係更純粹、更長久。**面對最棘手的工作群組，等到任務結束就該瀟灑退群，沒有功能性的社群組織是一種干擾，越是躊躇就越無法抽身，感覺不對就趁早**退，只要口氣理性、不特別針對誰，好聚好散的時機其實不難抓。

日子被工作塞得很滿，脫離群體生活好幾年，能跟幾個新面孔變熟，互動有到交心程度已經很難得，沒辦法多擠出力氣顧著一整票人，被當成棋子推過來移過去，配合做出很多言不由衷的決定。平時需要講場面話的範圍太大，偶爾有真心話想聊，也不想對著那麼多人，若是群組裡的成員發揮不了朋友的功用，時常會讓我感到窒息，這種太過消耗心力的互動大可不要。

#退群組

相同觀感的人慢慢聚集，開出一條支線，但群組是用來聯繫不易見到的感情，而非討論八卦，過多無意義的訊息就叫打擾，不如退出。

你的良善，終將成為陌生人的把柄。

受人之託想找個工作上的聯絡窗口，頭一個想到N，平時周旋在網紅跟品牌之間，連到他的帳號看看好友名單應該會有頭緒。竟發現最後一張照片是一個多月前，傳訊息也沒回，平時挺活躍的人卻離奇消失，直覺一定是出事了。趕緊向共同朋友打聽下落，幾個人不約而同地回說：「很久沒聯絡了，聽說有發生一些事。」

淺淺帶過的口氣欲蓋彌彰，弄得我心慌慌，想起N曾經深夜找我訴苦，似乎在人際關係挨過不少悶棍，很怕是一時想不開，或把自己關在陰暗角落，正等待有人可以拉他一把。雖然交情不深，至少幾次互動都挺熱情，焦急無濟於事，若他真不想被找到，任誰出馬都肯定無功折返。基於關心，我還是發一則動態問問親近的朋友：「請問誰最近有碰到N？」但無人回應。

幾週後，湊巧在一場聚會，好友E問：「威廉，你上次D牌的合作案，當時對接的窗口是誰？」

「是一個負責公關活動的小女生，說話方式蠻逗趣。」她說前陣子有不少同業也跟同個品牌合作，但聯繫人是N，甲方付錢卻沒看到成果，而乙方壓根兒不曉得的合作內容竟比想像中的多，顯然是中間人搞鬼。整件事宛若陽春版的《神鬼交鋒》（Catch Me If You Can），習慣走夜路的N被硬生生攤在陽光下，立即灰飛煙滅，人間蒸發到連個影子都沒。

「記得你上次才問N是哪冒出來的，突然間這圈子誰都認識了。」E想起我曾說過的話。

#面對面才真實

顏值再高、學經歷再豐富、共同好友再多，只要沒有面對面交流都還是陌生人，守住網路交友的破口，別讓良善成為別人的把柄。

抽絲剝繭後，發現網路上的共同好友是一道破口，若**有人有心想打入某個社交圈，便會先想辦法認識其中一個，就能連到身邊好友，接著用大量合照、互動取信於人、製造「好像跟他很熟」的假象。**

好友名單是判別標準，只要互相追蹤、互為好友就能輕易卸下心防，就算被陌生人加好友也不疑有它，出自於對自己朋友的信任，心防自然而然地瓦解。這套手法在職場很常見，嚴重一點叫「變相詐欺」。

聽多了人財兩失的慘況，大多來自造假成分高的網路交友，光憑幾張照片跟簡短自述就能建立人際關係，素未謀面的網友輕易就能探取你的生活，其實是件很可怕的事。跟誰吃過飯，上週又去哪裡玩，等到夜深人靜時顯露脆弱，就是趁虛而入的最好時機，只要投其所好，相信人性本善的人肯定任人宰割。

天上掉下來的絕對不是禮物，
來路不明又特別積極主動的人，
一定有所企圖。

用網路拓展人際圈未必不可行，想認識一個人也沒有錯，不過，能成為朋友肯定要有資格，而所謂資格就是審核標準，尺度一放開就很難收回來，別天真地認定網友不會有惡意，只是可以利用的時機未到而已，躲在螢幕後面打壞主意的人可多著。若遇到N這類意圖明顯的人，切記點到為止，不要有任何的利益交換，寧願被說難相處，也不想要吃了虧，找不到人哭。

尤其媒體行業的人際光譜很廣，在這行待久了，碰到生面孔總存著一點戒心，讓我對於裝熟這件事特別敏感。**工作場合配合演出是種禮貌，從網路**

取得聯繫可以，拉到現實中感受虛實，是否深交就各憑感覺，一旦有合作關係請務必守住底線，一切公事公辦。

好友K的臉書自我介紹就寫著：「我不缺朋友，加好友請說你是誰。」踩進生活圈裡的人寧可不打不相識，也不要相識過後才慘遭毒手，請神容易送神難的道理在網路世界裡完全適用，要汰除不合適的朋友，比交一個新的還費神。

世界不差你這一條評論，傷人者必定自傷。

年紀與我一般約莫三、四十歲的人，被紙本讀物養大，時常在時代的迴圈裡擺盪，來不及適應新事物，也沒本事甩開舊習慣，仍保有閱讀的熱忱，在圖像思考的時代依然肯花時間閱讀，培養思辨能力。但過多的社群平台讓人無力招架，每天湧入成千上百則訊息，我開始分流，臉書的訂閱功能不得不放，那是我用來接收新聞的主要管道。

每天早上，我會沖杯咖啡醒醒腦，點開幾個新聞網站配早餐。從臉書看天下而取代讀報習慣。若是對哪則新聞特別有感，或看到哪位網友的評論有失公道，總會忍不住留言。仗著還不錯的文字能力跟條理，偶爾做出神回覆，沉溺在被讚數推到第一排的虛榮感，雖不致於到戰神等級，但仗義直言的機會，我可不想放棄。

要做出一條被推到很前面的人氣評論，得要幽默跟深度兼具，知識量夠、立場要明確，還必須拔草測風向，花很多時間蒐集資料、佐證發言。那股勁像極了準備論文口試，只是要說服的對象不是教授，卻是一個連照片都沒放的陌生帳號，小小空格裡擠滿了琢磨再三的文字，謹慎地按下發送。一有回覆提醒，我便再重複同樣步驟，字字句句盡可能做到讓人無法攻破，等到對方再也擠不出任何回應，這場戰役才宣告結束。

有段時間，我很愛跟網友理論，所有不公不義的事都想發聲，非出手不可的是社會議題，像環保、人權、性別歧視、霸凌跟動物救援，媒體試著帶起錯誤風向的假新聞，更讓人忿忿不平。明明可以輕輕帶過，但我卻一整個早上什麼事都沒做，耗費幾個鐘頭撂倒網友，占用到工作時間，導致原本該完成的進度往後順延。同時間爭論一來一往持續發生，留著一件鬧心的事反而讓生活節奏大亂。

在網路上遇到意見不合的人，務必避免陷入不理性的文字搏鬥。

埋首創作的日子裡，我幾乎足不出戶，拜跑腿服務的發明，終於可以不用啃麵包，三餐都有熱食可以選擇，專人送到門口，外送會附上餐具、吸管跟塑膠提袋，我一定會特別註記請店家不要提供。那天，常叫的早餐店連續三天忽略我的要求，事後我把客訴對話寫在臉書，標題是「一次外送，得用到多少塑膠袋跟塑膠餐具？」口氣充滿著不耐煩，發洩也有，呼籲也有。

不過一頓飯的時間，這則發言被轉發二十幾次，被轉到外送社團說我是奧客、假清高的環保魔人，沒有提袋食物容易翻倒、灑落，到時候被刁難的是服務人員。看到原意被曲解，當下捲起袖子準備開戰，但仔細看過每一則留言，發現自己其實站不住腳，好友勸說：「既然環保，就不要叫外送。」

#網路口水戰

學習當個有品的觀眾，聆聽反面意見也是種學習，費時費力的網路刺激言論，只會打亂自己的生活節奏。

越是帶著刺的言論，
就越容易招來不必要的口舌，
再多的美意都會被曲解。

我先撤下這則動態，接著跟每一位批評的網友解釋原意，當時因為一份早餐被用三個塑膠袋裝著，造成不必要浪費才會有如此大的反應，承認自己言行失當造成誤解，沒有要為難外送員的意思。最好的做法是直接向外送平台提出建議，而不是洋洋灑灑寫下一大段文字，反而讓問題失焦。

傳播學裡有個很重要的名詞，選擇性暴露（selective exposure），我們在社群網路上所關注的事情已經被大數據挑選過，觀點也會相近，**長期下來會讓人誤信自己才是真理，但其實未必。有智慧的人會特地去找相反論點**

來作為思辨的參考。

海明威說：「**人用兩年時間學會說話，卻要用一輩子學會閉嘴。**」網路口水戰很耗神也很不必要，**公開發言之前，先要求自己對這件事瞭解通透，如果沒有正確解答，只是觀點差異，通常你一言我一句都在浪費彼此時間，挑錯時機只會吃力不討好，聽取反面意見也是種學習。**這世界不差你一條評論，真正能改變結果的是對話，任何一方帶著情緒就會流於爭辯，爭辯無濟於事，傷人者必定自傷。

複製來的人生哪叫理想。

刷朋友動態是我的睡前儀式，忙到昏天暗地時，能看看大夥兒過得好不好，總有安神作用。新工作適應得好嗎、最近去過哪家漂亮的咖啡廳、跟男友吵架和好了沒、減肥餐的菜色是什麼、想要改掉的晚睡習慣成功了嗎……等等。日子一忙，無法像從前那樣總是跟在身邊耳提面命，退到觀眾席感受朋友們的生活點滴，亦是件再幸福不過的事。

看到朋友一張拿著捧花，跟老公牽手在陽光下燦笑的照片，我下意識地留言恭喜，不到一秒又趕緊刪掉。沒記錯的話，她是兩年前結婚，老歸老，但記憶力再怎麼退化，都不可能忘記早就給過祝福，而且不止一次。從二〇一八年求婚時，大秀婚戒、訂婚、到戶政事務所登記、拍婚紗照、婚禮實況，接著渡蜜月每一天的海島美照，我從道賀，變成按愛心，最後點讚不過只是表達：「閱畢」。

直到上個月，仍持續地分享花絮與成為人妻的感想，跟大夥兒說決定不藏私，要把兩年前籌備婚禮的細節大公開，千挑萬選的古董婚紗跟婚禮歌單，中西喜餅各訂哪一家，攝影、新祕、活動記錄的工作人員清單，逐一唱名。一年多來極盡所能地渲染每一刻的情緒，把婚紗照當成社群素材在發，不難看出她的喜悅，想經營出人人稱羨的人生。

這場婚禮持續轟炸一年多，讓人疲乏不堪。前幾天露出微微隆起的肚皮宣布懷孕，但我肚子裡的墨水乾涸，想得到的祝福語彙早已用盡，連按讚都沒有力氣。開始預想下一次就是拿出超音波照問：「像爸爸還是像媽媽？」發文節奏比照名人規格，一舉一動都得詔告天下。小孩出生勢必將再起高峰，一齣名為幸福家庭的節目，我拿起遙控器怎麼轉都是相同劇情，陷入無

#別人的人生不是你的

日子最荒唐的走法是到頭來，發現自己只是複製人，汲汲營營換來毫不特別的人生。社群上所看到的美好，都是經過修整而成。

處可逃的焦慮，深怕多吭一聲，會被說成是見不得別人好。

幸福並非取材自他人人生的樣本，
不被關注不代表沒人在乎，
沒有祝福不代表就不幸福。

在社群平台公開分享私生活，記得適當、適量，留給真正愛你、理解你的人欣賞。

自己人看自己人肯定帶著柔焦，怎麼看都是好看。我的二表姊嫁到德國，可愛的女寶男寶接連出生，我這個做舅舅的，縱使相隔千萬里，仍然不想錯過孩子的成長，三天兩頭催促她多發照片。不如開個粉絲專頁記錄生活，我自願當不支薪的小編，經營得好還可以接些業配，賺賺奶粉錢。生性務實的她，立刻回絕：「全職媽媽一打二已經夠累了，別找事情給我做，擔心我不夠忙。」

我不死心，再拿出幾個名人的例子，表達不需要花太多時間，偶爾發些生活片刻都好。但她卻冷冷地說：「他是他，我是我。」為了幾張稱頭的照片，要把家裡打掃乾淨，每天跟在屁股後面收玩具收到快崩潰，哪有閒工夫擺拍。小朋友穿的衣服、用的產品都得精心挑選，扛著被觀賞的壓力，倒不如多花點時間陪他們寫功課。

光從幾張照片解讀別人的幸福人生，嘗試模仿喜歡的生活方式，似乎落入另一種膚淺。德國是非常注重隱私的國家，家庭是私領域，台灣人喜歡分享動態，期望得到讚賞跟稱羨，很怕別人不知道自已過得多好，這種行為他們無法理解，就連結婚生子的重要時刻都不願多張揚，只跟真正的家人分享喜悅。

她提醒我，讓孩子接受陌生人的檢視，等同於暴露在惡意的風險下生活。正面稱讚當然歡迎，若是無意間惹來麻煩，愛子心切的她可禁不起任何一點負評。有模仿就有比較，有比較就有輸贏，尤其在網路上更容易被刻意營造的畫面給撩動情緒，才會有所謂的跟風。

常聽到別人的夢想是想成為誰，而他口中的誰，不過是隱惡揚善的結果。努力追趕，還不如自得其樂地活著。鏡頭沒帶到的，是名人沒透露的平凡，**而我們最幸運的不是成為平凡的多數，而是能好好感受小人物才有的日常。真正過得好的人才不想張揚，最理想的狀態，是能舒舒服服的過日子而不被打擾，這才是幸福。**

陌生人的同情心有額度，討拍頂多兩次而已。

那天，來採訪的編輯F問我：「成立自媒體以來，最喜歡與最不喜歡的部分，分別是什麼？」我的喜歡跟不喜歡其實都來自於影響力。怎麼也沒想到，**原來文字會產生重量，有時候足以承接螢幕另一端正在直墜谷底的陌生人；也有其他時候因無心失言，而把一個已經氣若游絲的人給壓垮。**

常自嘲照片看起來裝模作樣，連自己都看不慣，但我本著盡可能還原真實的信念在網路世界生存著，堅持不套任何濾鏡，不管美的、醜的、好的、壞的全部公諸於世。無奈自媒體的品牌形象得靠經營，深怕稍有差池而給客戶添麻煩，於是我把做自己的地方轉移到Instagram，只留二十四小時的限時動態，沒有永久保存的壓力，言行舉止毫不遮掩，連摔倒、水腫都迫不及待想詔告天下。

當網友拉近到身邊的距離，那些黑底白字的動態發出了聲音，偶爾三更半夜有感而發，表現出少有的脆弱面，隔天便會被一整排的加油打氣給叫醒。起初，覺得好溫暖，喜怒哀樂都有共鳴，但暖流慢慢匯集成熱浪，陌生人的回應已到足以灼傷的程度，時常眼屎還來不及撥，就得在對話框裡一一回覆，為我恣意攤開的情緒收尾。

「威廉，你還好嗎？」

「我沒事啊，只是有感而發。」

對方覺得我肯定是在逞強，一問再問想追根究柢，稍早發文時的負面情緒究竟從何而來，好意想幫上一點忙，連問了三、四次：「真的沒事嗎？」

最後，我耐不住性子直接噴出一句：「我快被逼瘋了，是真的沒發生什麼事，行行好不要再問了，可以嗎？」

看到對話框的另一頭開始道歉，意識到自己大錯鑄成，最後反問的那句話足以將他送進火葬場。停頓好久，就是想不到怎麼收拾局面，試著讓口氣變得溫柔，每一句話都加了語助詞，讓氣氛輕鬆一點。傳送之前還再三確認力道，煞車煞得很牽強，我忍不住心生愧疚。

虛擬世界的人際聯繫其實很脆弱，要封鎖、退追蹤，其實我都能看開，最怕成為一朵烏雲飄進別人心底，變成他的陰影，原本可以很溫情的氣氛卻覆水難收。這位偶爾會浮出水面的死忠讀者，就此沉入海底，原來我的情緒不管多細微都會被察覺，直接影響別人。被在乎是幸福，但越多人關心，表示有越多雙眼睛正在檢視，要捱得住眾人眼光可不容易。那次之後，我謹慎處理每一則公開發表的負面情緒。

#網路文字重量

社群平台上的惆悵文字容易被誤解，憂愁只會引來同病相憐的人一起下沉；唯一出口是和真正瞭解狀況的人討論，太纖細的心事則適合留給自己傾聽。

不管是朋友圈或陌生人，都沒必要接收太多過於真實的訊息，讓關心的人情緒被牽動，無疑是種罪過。

把這件事拿來跟好友Y討論，在網路上擁有海量粉絲的她，是怎麼習慣把生活全都梭哈，又不致於招來煩惱。Y淡淡地說：「沒必要把心裡話全說出來吧！」

不因社群交際成為負擔的人，確實有著比一般人還強的人際公德心，不會三天兩頭拿著大聲公，把自己在想的事對著每個路過的人喊。

向來不喜歡四處討拍的朋友，無形中，我卻變成同類。雖然不要求憐憫，更沒有想從別人身上得到任何好處，但我的行為卻與這類人無異，等到關心送上門時，再慌亂地往外推，深不知困擾已經造成，這時再提規矩只會越搞越僵，反而像無理取鬧。**大可以盡情展示生活裡的苦與樂，但內在情緒要有私領域的觀念，若真有不快，請對著最熟悉你的人傾吐，才能避免造成誤會。**

網友可以是浮木，但終究不是艘船，險境度過了、最終還是得求上岸，不管是朋友或網友，沒有人有義務承擔另一個人的負面情緒。

現實生活中，總有難以啟齒的挫折讓人軟弱，難免想在虛擬世界尋求撫慰。發文求關注是一劑特效藥，但次數別太頻繁，陌生人對陌生人的耐心不多，同情心頂多兩次而已，被貼上無病呻吟的標籤，等到哪天發出求救又得不到想要的回應，那時挫折感肯定加倍。被全世界遺棄的感覺會變成黑洞，將已經殘破不堪的心靈狠狠地反噬。

關於網路人際

網路，是最沒辦法做自己的地方，太多關注反而成為束縛，活在人物設定裡未必快樂。

套著濾鏡的世界總是夢幻，可是人生的主場並不在此，原先的你已是獨一無二，不需要仿效別人。

面對毫無情感基礎的網路人際，高冷一點無妨，「其實我們不熟」是道破口，更是所有壞事的源頭，稱職的朋友懂得把交流拉回現實，將虛與實的界線做出來，就能來去自如。

絕交不可惜，把良善留給對的人

作　　者 | 威廉／曾世豐 William Tseng
發 行 人 | 林隆奮 Frank Lin
社　　長 | 蘇國林 Green Su

出版團隊
總 編 輯 | 葉怡慧 Carol Yeh
企劃編輯 | 楊玲宜 Erin Yang
責任行銷 | 陳奕心 Yi-Hsin Chen
封面裝幀 | 張巖 CHANG YEN
版面構成 | 張語辰 Chang Chen

行銷統籌
業務處長 | 吳宗庭 Tim Wu
業務主任 | 蘇倍生 Benson Su
業務專員 | 鍾依娟 Irina Chung
業務秘書 | 陳曉琪 Angel Chen・莊皓雯 Gia Chuang
行銷主任 | 朱韻淑 Vina Ju

發行公司 | 悅知文化　精誠資訊股份有限公司
105台北市松山區復興北路99號12樓
訂購專線 | (02) 2719-8811
訂購傳真 | (02) 2719-7980
專屬網址 | http://www.delightpress.com.tw
悅知客服 | cs@delightpress.com.tw
ISBN：978-986-510-070-4
建議售價 | 新台幣320元　　首版一刷 | 2020年05月　　首版十八刷 | 2023年12月

國家圖書館出版品預行編目資料

絕交不可惜,把良善留給對的人 / 曾世豐著. -- 初版. -- 臺北市 : 精誠資訊, 2020.05
面；　公分
ISBN 978-986-510-070-4 (平裝)

177.3　　109005320

建議分類 | 1.人際關係 2.生活指導

悅知文化 Delight Press

線上讀者問卷

悅知夥伴們有好多個為什麼，
想請購買這本書的您來解答，
以提供我們關於閱讀的寶貴建議。

請拿出手機掃描以下 QRcode
或輸入以下網址，即可連結至本書讀者問卷

填寫完成後，按下「提交」送出表單，
我們就會收到您所填寫的內容，
謝謝撥空分享，
期待在下本書與您相遇。